如何高效学习

建立你的简单有效学习系统，实现人生跃迁

沙牛◎著

北京联合出版公司
Beijing United Publishing Co.,Ltd.

图书在版编目（CIP）数据

如何高效学习 / 沙牛著. -- 北京：北京联合出版公司，2019.9
 ISBN 978-7-5596-3383-5

Ⅰ．①如… Ⅱ．①沙… Ⅲ．①学习效率－研究 Ⅳ．① G442

中国版本图书馆 CIP 数据核字（2019）第 124624 号

如何高效学习
作　　者：沙　牛
选题策划：北京时代光华图书有限公司
责任编辑：宋延涛
特约编辑：何英娇　太井玉
封面设计：新艺书文化
版式设计：曾　放

北京联合出版公司出版
（北京市西城区德外大街 83 号楼 9 层　100088）
北京晨旭印刷厂印制　新华书店经销
字数 111 千字　880 毫米 ×1230 毫米　1/32　7.25 印张
2019 年 9 月第 1 版　2019 年 9 月第 1 次印刷
ISBN 978-7-5596-3383-5
定价：48.00 元

未经许可，不得以任何方式复制或抄袭本书部分或全部内容
版权所有，侵权必究
本书若有质量问题，请与本社图书销售中心联系调换。电话：010-82894445

目 录
Contents

序 言 /Ⅳ

第一部分　学习的基础

第一章　一般人的学习方式 /003

人人都要会学习 /005

你有学习能力吗 /008

你最想拥有的技能是什么 /009

你有正确的学习理念吗 /011

第二章　快速建立学习的系统 /013

要有明确的目标 /015

通览这个领域 /017

制订合理的学习计划 /020

开始学习 /022

记录、回顾、反思 /023

学习的两种主要途径 /025

第二部分　学习的技术

第三章　如何通过阅读进行学习 /029

阅读能帮你获得什么 /031

如何挑选一本干货书籍 /033

把握好阅读的效率 /038

阅读的层次很重要 /042

我的精读方法——大纲阅读法 /044

如何提升你的阅读速度 /049

要重视多元化阅读 /056

第四章　学习时如何记笔记 /063

你记笔记的目标达成了吗 /065

从选择正确的笔记本开始 /068

康奈尔笔记法 /070

黄金三分法 /072

在学习的过程中，我意识到自己以前的学习方法是完全错误的，并开始主动研究各个学科的学习方法。最后，我的专业课成绩在系里竟然获得了第一名，我还在毕业时参加了一个全国性的编程大赛，并获了奖。

当时我就意识到：最重要的不是学习具体的知识，而是要掌握有效的学习方法。

工作之后，我从技术做起，两年后脱离技术岗位，转行做了产品经理，又在三年后，转行做了运营，直至做到运营总监的职位。

现在，我是一名自由职业者，创办了公众号PomoNote，向大家分享我关于学习、阅读、时间管理等个人提升方面的经验。感到欣慰的是，有数十万人从中受益。

其实，我的这些经验，都是书中习得的，加之在漫长的实践过程中融会贯通，从而形成了自己的方法论。这些经验，包含了如何建立学习的系统、如何阅读、如何记笔记、如何管理笔记、如何善用时间、如何使用工具等诸多技巧。这些经验并不高深，都是可以随学随用的技巧。我想把它们分享给更多人，希望在学习这件事上，可以帮助大家少走一些弯路。

序 言
Preface

在上大学之前,我的学习成绩一直都不怎么样。那时我搞不明白,除了应付考试,背诵书本知识到底有什么用处?可以说那时候的我是痛恨读书的,但又找不到摆脱读书的借口,最终我稀里糊涂地上了大学。

在大学里,我学的是计算机专业。因为在上大学前的暑假,我报了一个计算机培训班,所以大一时,我就比其他人多懂得那么一点点。也正是因为多出的这一点点,激发了我的学习兴趣。

在课堂上,我能回答老师提出的复杂一点的问题,并因此得到老师的表扬,我像个孩子似的,发自内心地高兴。越是有这种解答问题的成就感,我就越愿意主动去学习,这样就形成了一个良性循环。

帮你搞定拖延症 /154

清　单 /163

番茄工作法 /169

四象限法则 /178

时间管理工具 /181

第九章　学习的工具 /189

文件管理需要注意的事项 /191

文件管理工具有哪些 /195

知识管理工具有哪些 /200

时间管理工具有哪些 /201

写作工具有哪些 /204

思维工具有哪些 /209

网页工具有哪些 /210

树立使用工具的正确理念 /213

后　记 /217

致　谢 /219

大纲笔记法 /075

常用的记笔记技巧 /082

第五章　管理学习成果 /085

你真的了解印象笔记吗 /087

如何使用印象笔记 /092

会收集、善整理不代表会输出 /113

输出的技巧有哪些 /125

第三部分　学习的技巧

第六章　复盘 /131

什么是复盘 /133

复盘的步骤 /134

什么时候需要复盘 /138

第七章　学习中的生物学原理 /139

专注力 /141

自控力 /144

习惯力 /146

第八章　学习过程中的时间管理 /151

我对时间管理的认识 /153

于是，我便萌生了写这本书的想法。

这是一本集大成的技巧性书籍，书里大都是我一直在使用，你也可以随学随用的技巧。

本书分为学习的基础、学习的技术、学习的技巧三大部分，共九章。

第一部分包括第一章至第二章，介绍了如何建立学习的系统。能够提升我们专业技能的知识，一定不是孤立的、碎片化的学习能够搞定的，而需要我们首先建立一个系统，再根据这个系统，运用正确的方式来学习。那么，什么是正确的学习方式呢？现阶段，我们的学习途径主要包含阅读和课程，如何更好地应对这些学习的场景，是我们的必修课。

第二部分包括第三章至第五章，主要讲述学习的技术方面的内容，分别介绍了如何通过阅读进行学习，以及在学习的过程中如何记笔记。在学习大量知识之后，我们要用一个恰当的方式，把这些学习成果管理起来，并加以运用。

第三部分是学习的技巧，由第六章至第九章组成，分别介绍了高效学习的重要技巧——复盘、在学习过程中提升学习效率的重要生物学原理、学习中的简单时间管理方法论，以及能够让学习事半功倍的工具。

  本书这三个部分的内容都可以随学随用，其中有很多我都曾在课程中与学员分享过，学员的反馈很好。

  大家在阅读本书时，最好是每读完一章，都按照这些技巧去实践。当然，你也可以把它当作一本工具书，在需要的时候进行查阅。

  由于本人学识所限，书中难免会有错误或遗漏，敬请读者理解和指正。

沙牛

于成都

第一部分

学 习 的 基 础

在学习任何一个领域的知识和技能的过程中,都需要系统,连学习这件事本身也不例外。

第一章

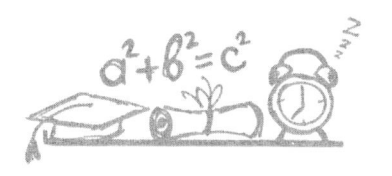

一般人的学习方式

作为一名学习多年，甚至工作多年的"社会人"，你有关于学习方面的苦恼吗？你在学习时，是过目不忘，还是过两天就忘得一干二净？是能够举一反三，还是连理解知识本身都有问题？

就智商而言，人与人之间的差距并不大。对于大部分人来说，学习效果之所以不尽如人意，很大程度上，都源于低效的学习方式。

第一章
一般人的学习方式

人人都要会学习

看到这本书的书名,很多人可能会纳闷儿:"学习也值得专门用一本书来说?从小到大,我可是学习过十几二十几年的人呀!"

没错,正在读这本书的你,很可能是受过高等教育的有为青年,少说也有十几年的丰富学习经验。但问题是,你真的会学习吗?

评估一个人是否会学习,关键是看他的学习效率,而不是效果。效果和效率,一字之差,结果却可能相差十万八千里。

效果是最终取得的成果,效率则在效果的基础上,加上了时间的维度。

如果时间是无限的,我们就很有可能通过学习,在任何领域都登峰造极。但问题是,我们没有太多时间去学习。在同样的时间里,不同人的学习效率是千差万别的。有的人似乎天赋异禀,天生就有过目不忘的能力,学习任何东西都很快。而作为平凡人的我们,别说举一反三,很多人甚至看一本书、听完一堂微课之后,是否能够回忆起所看、所听的内容都成了问题。

我们不妨先回想一下,在学习一项知识或技能的时候,自己是如何做的?

很多人在学习的时候,都没有明确的学习动机。比如,有些人想学英语,为什么想学呢?可能是看到身边的人能够说一口流利的英语受到了刺激,或者是心血来潮想去国外某个地方旅游,就给自己定下了这样一个目标。

有了这样一个学习目标之后,他们马上找来一个背单词的软件,每天甚至可以背100个单词,但坚持几个月后,发现这对口语的提升基本没什么效果,于是就放弃了。

这样的学习方法,有没有问题?问题简直太大了!的确,单词是英语的基础,但是,只背单词基本上没有什么作用。同样一个意思,可以用很多不同的单词来表达,如果不知道每个意思相同的单词应该用在什么语境当中,

第 一 章
一般人的学习方式

那么就很容易闹出笑话。而且，话说回来，如果每天背100个单词，而没有与之对应的语境，那就像背圆周率的数字一样，只是机械式的记忆，很容易忘记。

在中学时代，我并不是学霸，现在想起来，成不了学霸，完全是学习方法不对。比如，那时我学历史、政治等学科的方法，就是死记硬背——哪一年发生了什么事，这件事的起因、经过、结果是怎样的，有什么意义等。

这样一轮轮背下来，别说完全失去了兴趣，甚至恨不得把书撕了。而在工作之后，随着对学习方法的探索，我才意识到，历史及其他之前我完全提不起兴趣的学科，都是那么有意思。

正确的学习方法是决定学习效率的关键因素。

正确的学习方法能够让你在提升效率的同时，培养对某个领域的兴趣，进而形成良性循环，最终让你成为高效的学习者。

你有学习能力吗

学习方法不仅是一门学问，更是一项值得花时间掌握的能力。

大体上说，学习能力就是正确的学习方法加上良好的学习态度。

学习态度在很大程度上其实就是坚持。看到这里，有人可能会说："我看你的书可不是来听你告诉我学会坚持的！"没错，这一点我太清楚了。但请回忆一下，你有没有学习过娱乐类的技能，比如一种乐器、舞蹈或健身？

如果学习过，可能你就会明白为什么我一开始就强调态度的重要性了。因为，至少一半以上的人，都学习过这一类的技能，但结果呢？很多人想学吉他，一开始就花重金买了一件上好的装备，学了不到一个月，连一首流畅的《两只老虎》还没有修成正果，就义无反顾地放弃了。

其实，大多数的技能都需要长时间坚持学习，提升技能没有一蹴而就的。虽然，很多技能并不需要坚持

第一章
一般人的学习方式

一万小时，但也绝非一时半会儿就能够掌握的。

在技能和知识学习这件事情上，我们只有两种选择：学，还是不学。你要么选择一鼓作气，一口气把它学好，要么就不学，没有第三种选择。如果你选择学到中途而放弃，那完全就是浪费时间。在有了坚持之后，这本书将要告诉你的，则是一系列高效学习的技巧。

你最想拥有的技能是什么

如果让你拥有任意一种现实的技能，你会选择什么？为什么要说是现实的技能呢？因为这里不是让大家发挥天马行空的想象，你不能拥有孙悟空的七十二变，也不能拥有像金刚狼那样的恢复能力。

如果你现在还处于温饱阶段，那你可能希望拥有赚钱的能力；如果你要出国旅行，那你可能希望自己能够说一口流利的外语。其实，很早之前，我就想过这个问题，即使是现在，对于这个问题，我的答案依然不变——我想拥有学习能力。因为学习能力才是真正举一反三的能力,其他的所有技能都只是学习能力的附属品和战利品。

在上大学之前,我并不是一个学习能力很强的人。在我刚上大学的时候,一位我尊敬的长辈告诉我:**找到适合自己的一套学习方法,才是学生阶段最重要的事。**

直到十多年后的今天,这位长辈的话我记忆犹新,甚至可以说,是这句话点醒了我。从那之后,我就开始不断探索和升级自己的学习方法。

李笑来有一个公众号,名字叫作"学习学习再学习",从名字上来看,你觉得它是什么意思?学习学习再学习,很简单嘛,不就是重要的话说三遍吗?这个答案太肤浅了,重新来看一下这个公众号的名字,你会有什么新发现吗?或许,我们应该这样来理解——学习学习,再学习。这又是什么意思呢?这意味着我们应该先学习如何学习这个元技能,然后再来学习具体的技能。也就是说,我们应该把学习当成一个凌驾于其他任何技能之上的核心技能,先把这个核心技能学好,再来学习其他技能,这样才能事半功倍。

我将通过这本书,和你分享我的学习方法,帮助你

第一章
一般人的学习方式

掌握这项至关重要的能力。

你有正确的学习理念吗

任何知识或技能,都有不同的学习方法,所以,在学习一项知识或技能之前,最重要的,是摸索出有针对性的学习方法。

比如,我最近准备学习英语,为此我购买了关于英语学习方法的课程,并开始实践。而去年我学习了历史,作为一项增长自己见识的知识,在学习历史的时候,我就用了完全不同的方法,说是方法,不如说是一个小技巧。

我拿一张A3大小的纸,用大纲的形式记录下关键的朝代和主要的帝王,这是一条主线,然后在不同的朝代下,记下我比较关心的元素,比如有哪些主要的政治制度和科技成就等。在学习历史的时候,我读了6本书,这6本书中的知识点,我都汇总到这条主线当中来。以后,我可能还会学习佛学、哲学等,这些知识其实都是和历史有关联的，我就会把这些新的知识也加到这个大纲中来。这样一来，我就可以以一条主线，横跨多个知识领域，从而找到不同知识领域中的关联性。

这是关于学习的一个重要理念——**任何知识或技能，都有着不同的学习方法。在学习一项知识或技能之前，最重要的，是摸索出有针对性的学习方法。**这是我们学习之前必备的正确学习理念。

知道这个理念之后，我们再来建立学习的系统。

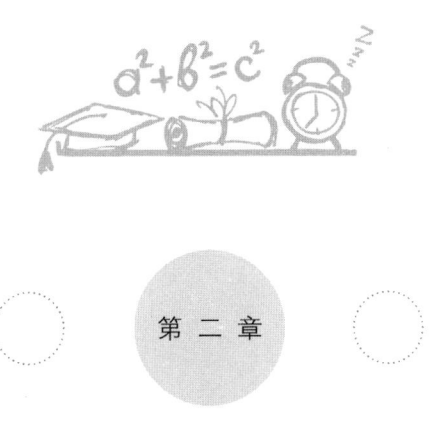

第二章

快速建立学习的系统

学习这件事，是讲究系统的，它绝对不是今天心血来潮想学习一种技能，然后在网上看几篇文章就能学会的。学习，应该是一个包含众多元素的流程。虽然学习不同的知识和技能的方法是不一样的，但是在具体技能之上我们却可以找出其中通用的系统。我的学习系统，可以分为以下五个步骤：

- 明确目标。
- 通览这个领域。
- 制订学习计划。
- 开始学习。
- 记录、回顾、反思。

第二章
快速建立学习的系统

要有明确的目标

我非常不提倡心血来潮的学习方式,在学习之前,我们需要明确一个目标。

这个目标是什么样的呢?比如学习英语,我的目标是从4月开始,进行为期8个月的学习,到年底的时候,我能够看懂英文网站,能够用英语进行简单的交流。8个月的学习时间看起来很短,但是配合正确的学习方法,我能够做到。

在目标的设定上,我们可以参考SMART原则,所谓SMART原则,就是5个英文单词的缩写,这5个单词分别是specific、measurable、attainable、relevant、time-based,意思分别是具体的、可以衡量的、可以达到的、相关性和时限性。

具体的,意味着应该明确自己学习这项技能希望学习到什么程度，比如我学习英语的目标是能够看懂英文网站，能够用英语进行简单的交流。而我学习历史的目标是希望知道自己的根，知道各个历史时期是如何交替的，以及每个历史时期又有什么样的成就。

在这一点上，我希望大家一定要清楚自己想要学习到什么程度，因为我们无须在任何领域都做到登峰造极，而且那也是不可能的。

可以衡量的，意味着我们设定的目标可以通过一种可衡量的方式来进行考核，比如同样是学习英语的目标，对于我年底是否能够达成，我可以这样进行考核——能够看懂自己喜欢的英文网站。

可以达到的，意味着我们不能盲目地设定目标，比如王健林先赚一个亿的小目标放在我身上，可能就会成为一座五指山。

相关性，意味着我们为之努力的目标要与我们自身处境相关，比如为了能够看懂英文网站，以及能用英语与人进行简单交流，我就要去学习英语，而不是每天去健身房锻炼两小时。

时限性就是要有明确的截止日期，比如我学习英语的目标的截止日期是今年年底。

第二章
快速建立学习的系统

明确目标是学习过程的第一个步骤，很多人的学习效果不好，实际就是因为在这个步骤出了问题。没有明确的目标，人会容易放弃。

确定了目标之后，不妨把它写下来，放在自己经常能够看到的地方。我在我的滴答清单 App 中，建立了一个目标清单，用于保存我所有的目标。你也可以用你自己喜欢的方式把目标展现出来。

通览这个领域

确定了明确的目标，接下来要做的，是通览这个领域，目的是找到达成目标的学习方法。

以我为例，在学习一项技能时，我是怎么做的呢？

首先，我会花上一天的时间，使用搜索引擎来搜索相关的关键词，把搜索出来的网址至少前十页的文章都看一遍，并且在看的过程中做好笔记。

其次，我会回过头来整理这些笔记，这时我会发现，有些方法被频繁提及，那么这些方法很可能就是我应该采用的方法。现在有了像知乎这样的网站，要找到有针对性的学习方法就更加简单了，里面有各类问题及其回答，我们都可以拿来作为参考。

通览这个领域，除了找到对应的学习方法，还有一些其他的重要用途。比如，我们可以用这样的方式快速建立这个领域的知识框架。假如一位刚毕业的大学生想学习运营技能，那么通过搜索到的相关知识，他就会发现，运营工作中包含的知识领域有数据分析、文案写作、用户运营、活动策划等。有了这样一份知识框架，他就能知道接下来需要具体学哪些知识了。而不是像很多人那样，说一句"我要学英语"，然后就只是下载了一个背单词的软件而已。

除此之外，在通览这个领域的过程中，我们还能发现这个领域中有哪些意见领袖，他们有哪些不同的观点等。

通览这个领域，不仅是学习过程中的一个步骤，更需要我们把它培养成一种独立的技能，我把它称之为快速学习的技能。实际上，要想在日常工作中做得出色，有一项专业技能还不够，还需要我们懂很多领域的知识

第二章
快速建立学习的系统

才行。比如做运营，除了要有出色的文笔，还需要多关注时事，这样才能捕捉到足够多的热点和灵感。对这样的知识结构，我们可以称其为 T 型知识结构，下面的一竖，意味着钻研得足够深的核心技能，上面的那一横，意味着广泛地涉猎多个领域。

要涉猎多个领域，我们需要拥有快速学习的能力，这项技能对于从事咨询类工作的人来说至关重要。因为作为咨询师，他们的客户大多来自不同的行业，所以要解决他们的问题，就需要咨询师在短时间内，对这个行业的认知能够超越客户。

快速学习能力的核心就是快速建立这一领域中的知识框架，知道这一领域由哪些分支领域组成，哪些分支领域又是最重要的等。通常，如果通览整个领域这一步骤是为后续学习任务做准备，那么一两天的时间足矣，而如果是为了快速学习某一领域，那时间就会比较长。

对于本书中涉及的大部分领域的知识点，我都使用了一个"套路"：先介绍这个系统的框架，然后再一层一层向下进行细分。

本书第一部分是建立学习的系统，那么在这个系统下，最常见的场景是什么？是阅读。在阅读的过程中，最常见的操作又是什么？是记笔记。没错，在学习一个新领域知识的过程中，我大都采用这种自上而下的学习方式，先通览该领域的全貌，然后向下逐一攻克。

制订合理的学习计划

如果我们已经完成了确定学习目标及通览这个领域两个步骤，下一步，我们要为接下来的学习任务制订一个计划。所谓学习计划，其实就是以通览的结果作为依据，将学习目标进行分解，把这个最大的目标分解成多个小目标。

通过通览这个步骤，你找到了对应的学习方法，也明确了这个领域有哪些分支领域，所以现在你要做的，就是运用这个学习方法按顺序逐一学习这些分支领域的知识。如果一个完全没有基础的人要学英语，那么他制订的学习计划可能会是，前两周，搞定音标和基础发音，然后用一个月的时间，从听说读写这些角度来完成一本

第二章
快速建立学习的系统

基础教材的学习等。

归根结底,制订学习计划,就是把学习目标分解成多个小目标,而这些小目标,同样需要遵循刚才我们所说的 SMART 原则。

计划非常重要,它会指导你按照预设的路线去学习,就像我在开始读一本书之前,我会先看这本书的篇幅,根据篇幅来决定自己需要在什么时间内读完。比如,我想在一周内读完一本书,接下来再翻开这本书的目录,假如这本书一共有 10 章,那么要想一周内读完这 10 章,落实到每一天分别应该读到什么地方,这就是计划。如果没有计划,很可能有空的时候才打开这本书翻两页,那等到读完就遥遥无期了,最后还很可能不了了之。

在制订读书计划的过程中,我会直接在目录上写上 Day1、Day2 等用来标示每天要读的章节。如果是一项学习任务,我会直接在印象笔记里写上每个阶段应该达成的目标。我完全没有使用过 Word 或 Excel 来进行更有仪式感的操作,只是走了一个很简单的过程。就像我的微课,基本上都没有准备 PPT,只是一个大纲,怎么省时怎么来。不过,如果有同学认为 PPT 的方式更好,可以告诉我,我会考虑把大纲制作成简单的 PPT。

当然，这要因人而异，如果你认为具有仪式感的开场对自己更有吸引力，那就可以选择自己的方式来。后面我们在分享工具的时候，我会告诉大家我的这些记录及管理方式。

开始学习

前面我们分享的三个步骤，其实都是具体开始学习任务之前的准备工作，之后，我们就需要通过一些途径，运用一些学习的方法和技巧来进行具体的学习。

学习的途径很多，你可以通过网站、读书来进行学习，现在的微课也是性价比很好的学习方式。但是，有一点必须注意，那就是学习的性质，通过阅读网页来学习，对于大多数有深度的技能来说，是极为不靠谱的，因为它们太过于碎片化。你绝对不能指望靠阅读知乎就能掌握一项重要的技能。

所以，如果你希望学习的是一项技能，就应该追求有深度的学习，这时我们更应该选择读书或微课的形式，这一点，我们稍后再说。

记录、回顾、反思

学习的最后一个步骤，是记录、回顾和反思。

其实，这一个步骤是贯穿始终的，也就是说，它是在每阶段的学习任务之后都应该执行的操作。很多人都不知道学习的这个步骤，而很多人知道，也实践了一段时间，最终却因为嫌麻烦而放弃。这就是为什么我一开始就会强调学习态度的重要性。

记录是指在学习的过程中，我们需要使用一种良好的记录方式来记录重点及自己的想法和问题。这一点在我们分享笔记术的时候会详细地说明。

回顾则是复习之前所学到的知识。为什么需要回顾呢？因为人脑的记忆原理决定了我们会遗忘所学到的知识。所以，我建议大家在学习的过程中，运用艾宾浩斯遗忘曲线进行回顾。

艾宾浩斯遗忘曲线，是由德国心理学家艾宾浩斯提出来的理论，它指出了人的遗忘规律，比如学习完 20 分钟后，所学的知识有 42% 的内容会被遗忘掉，58% 的内容会被记住；1 小时后，56% 的内容会被遗忘掉，44% 的内容会被记住；1 天后，74% 的内容会被遗忘掉，26% 的内容会被记住；1 周后，77% 的内容会被遗忘掉，23% 的内容会被记住；而 1 个月后，79% 的内容会被遗忘掉，只有 21% 的内容能够被记住。

针对这个遗忘曲线，我们就可以得出需要回顾的频率。通常我的回顾频率是这样的：24 小时内，回顾一次，然后依次是一周内、三周内和两个月以内。

反思不同于回顾，我们可以把它理解成更高层次的回顾。回顾只是复习学到的知识，类似于机械地重复记忆过程，反思则是加入思考的回顾过程。

在反思的时候，你可以思考：这个知识点我以前知道吗？它和我以前知道的知识或经验有什么关联？我以后如何使用它？等等。

第二章 快速建立学习的系统

学习的两种主要途径

在本章的最后,我们再来说说学习的途径。

和过去相比,现在的学习途径已经非常多了,比如传统阅读、现代化网页、微课,甚至在微信上也可以进行碎片化的学习。这么多的学习途径,如果你还不能学会一项具体的技能,那绝对是学习方法上的问题。很多人认为学不好是智商上的问题,而《刻意练习》的作者认为,智商只能决定人理解具体概念的速度,绝对不是决定学习成果的因素。套用一句流行语:就你付出的那点努力,根本就到不了拼智商的程度。

学习的途径可以分系统化学习和碎片化学习两种。

对于系统学习,我们可以通过线下培训或阅读来实现,然而,线下培训的价格往往都很高。我在做运营之前,公司曾给了我一个参与线下培训的机会,3天的课程费用接近3万元。

但幸运的是,现在有了微课这样的学习方式,使学习成本大大降低。通过微课,我们可以直接学习系统的经验。

在这里，我们重点要说的是碎片化的学习。请大家一定要记得，从本质上来说，碎片化的学习不可能让你学会一个系统化的技能，你永远不能指望通过一个问答、一篇微信图文就能够学到系统化的技能，但是，这其中有很多内容，在通览一个领域知识结构的时候会非常有用。另外，碎片化学习对学习一些小技巧也会非常有帮助。

我建议，对这些独立的碎片化文章，大家不要随时阅读，当你觉得这篇文章有用的时候，先把它收藏起来，比如保存到印象笔记，再利用大段的碎片时间来阅读。

像读书这样的系统学习，需要用独立的时间来完成，比如，每晚的9点到11点，我会利用60～90分钟来进行阅读，而且保持惯性，雷打不动。

第二部分

学 习 的 技 术

在学习中，阅读是获得知识的一个主要途径，那么如何做到高效阅读呢？这就涉及记笔记的问题；记了很多笔记之后，又得考虑把它们管理起来。所以，在这一部分，我将按照一个自上而下的流程，告诉你学习中的基础技能。

第三章

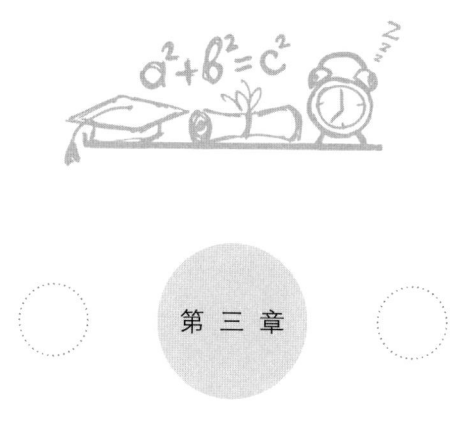

如何通过阅读进行学习

阅读，是学习中最主要的知识获取渠道，没有之一。虽然在移动互联网时代，我们可以通过各种相关的网站或微课快速学习，但这些方式几乎都只是锦上添花。要系统地学习一个领域的知识和技能，是绝对绕不开阅读的。股神巴菲特的合伙人查理·芒格说道："我认识的聪明人中，没有一个不是每天阅读的，没有，一个都没有。"但是，要想从阅读中获得足够的知识，一定程度的阅读能力是必需的。

这一章，我将告诉你我的阅读方法。

第 三 章
如何通过阅读进行学习

阅读能帮你获得什么

自工作以来,我一直保持着定期阅读的习惯,前几年,我的阅读量并不大,每年大概阅读 30 本书,阅读量大幅增长是在我成为自由职业者之后,平均每年阅读 100 本以上的书。在普通人眼里,这或许是一个很不可思议的数字,但是如果身处一个善于学习的圈子,你就会发现,这个数字其实只是普通水平,比如知识男神战隼老师,他一年能够阅读近 400 本书。

听到这个数字,有人就要吐槽了:"读书追求的不应该是数量,而是质量。"是的,质量是前提,但是,质量和数量这两者,是可以两手抓的。战隼老师一年阅读近 400 本书的同时,产出了 300 余篇高质量的书评。

我从来不会在一个固定的时间段只阅读一本书,通常会同时阅读几本书,同一时间段的书籍,有干货类的,有知识拓展类的，也有诸如小说、散文等消遣类书籍。

2017年年初，我发起了"个人提升阅读分享计划"。在这个计划里，我一年为读者精读30本个人提升类的干货书籍。到2018年，参与这个计划的读者，累计约有3000人。为什么我会发起这个计划呢？因为在阅读量剧增的这段时间里，我证实了一件事——**阅读，是普通人实现逆袭的性价比最高的方式，没有之一。**

我一直认为，如果我们想要系统地学习一项知识或技能，是绝对绕不开阅读的，你可以不上微课，不参加线上线下的培训，但是，如果不针对所学领域进行大量的阅读，是绝对学不好的。

所以，**阅读，是凌驾于所有学习方式之上的系统学习的必经之路**，甚至，线下动辄数万的技能培训，你都可以从书里学到，因为几乎所有培训中的理论，你都能够在某一本书中找到。可以说，阅读是一种性价比最高的学习方式了。

这无疑是渴望通过学习来提升自己的人的福音！但是，要从一本几十元钱的书中读出数万元的现场培训效果，得需要相当的阅读能力才行，在增强阅读能力的道路上，我一直在不断摸索，并小有所成。这一章我将分

第 三 章
如何通过阅读进行学习

享我的阅读经验，我主要从选书、读书、记录、总结和输出四个方面来进行介绍。

但有一点需要注意，本章所涉及的阅读方法，仅适合用来阅读技能类、学习类的干货书籍，而不适合阅读消遣类读物。

如何挑选一本干货书籍

在整个读书环节中，选书其实是非常重要的一步，因为如果想学习一项技能，而所读的书却是一本烂书，那就是白白浪费时间。那么，我们应该怎样来挑选适合自己的干货书籍呢？

从性质来看，书籍可分为教授具体知识和技能的书籍及能够改变观念的书籍。

教授具体知识和技能的书籍很容易理解，我们读的书大都属于这一类，比如你正在读的本书。

什么是能够改变观念的书籍呢？对于一种技能或

知识，每个人的认知观念是不一样的。比如，我使用了三四年的思维导图工具，在潜意识里，我都认为思维导图是帮助我思考和工作的，我也只在这些场景下使用思维导图工具。直到我读了《日常生活中的思维导图》这本书后，我才知道，原来思维导图可以运用到生活的方方面面。从那以后，思维导图就成了我工作、生活和学习中必不可少的工具，我在很多地方都会使用它，我会用它来分析一篇文章、画出对宝宝教育的规划甚至罗列旅行中所需要的物品。

同样，以前我使用清单，也仅仅限于管理待办事项，但当我读完《清单革命》和《为什么精英都是清单控》后，我知道了，原来小小的一张清单有这么大的用途，我还可以用它来规范自己的工作流程，标准化遇到一些紧急情况时的处理方式。

这些就是能够改变观念的书，说得现实一点，我们的观念就是框在我们头上的枷锁，如果没有一个新的观念来打开它，我们就不知道原来跳出这个圈子之后，外面的世界如此之大。

这种改变观念的书，通常我都读得很快，读完《日常生活中的思维导图》这本书我只用了半小时，其他几

第三章 如何通过阅读进行学习

本类似的书，我也都在一到两个小时读完。但它们给我带来的收益，却是具体的技能书籍不能比拟的，因为有了观念，我就可以摸索总结出自己的使用方法。这几本改变我观念的书，在我看来都是好书，但是，如果你去豆瓣上查一下这几本书，就会发现它们的评分通常都很低，因为改变观念的书通常只是给你讲一些道理，甚至有点像鸡汤，反反复复地告诉你这个观念多么重要，如果不能好好地提炼出它要传递给你的观念，你很可能就会认为它是一本烂书。

干货书籍还可以进一步划分为道、术、器三大类别。

拿笔记方法来说，我想学如何记笔记，然后我学到了康奈尔笔记法，这是一种具体的笔记方法，就是器。

随着笔记记得越来越多，我可能会想到康奈尔笔记法的实质是对笔记本的记录区域进行物理分区。基于这一点，我会进一步想，既然有康奈尔笔记法，那有没有其他的笔记分区方法呢？有了这个想法，我就找到了黄金三分法、空雨伞笔记法等。像这种在记录之前，先对笔记本记录区域进行物理分区的理念，就是术。

但是，无论你在器和术的层面上下了多大的功夫，能够改变的仅仅是让你的笔记更加工整，查找起来更方便，可用性更强，却不能改变这背后的本质。这个本质是什么？是你的思维方式。你的笔记绝对不可能超过你的思维方式，所以记笔记时的思维方式，才称得上是道。

你可能会问，在挑选书的时候，我并不知道这本书是什么类别呀，我得读了才知道呀，这不就是因果倒置了吗？其实，在选书时，先看一下这本书的目录，并尝试从中找出这本书想要传达内容的主要框架，大抵上就能判断这是一本什么样的书。

另外，在选书的时候，还可以参考一个小技巧——我读的书通常是中国、日本和美国这三个国家的。因此，对这三个国家的书，我总结出一个有趣的经验：日本的书通常简单直接，而且很容易读，这些书不管你有什么具体的问题，一来就告诉你一些简单粗暴的技巧，就好像在说："兄弟，就这样用吧，没错的！"你能很快就读完这些书，在读完之后，一实践，还真管用。像《聪明人用方格笔记本》《零秒思考》等，都是这样的书。所以，如果你急需解决某一个具体的问题，比如记笔记的技巧，那么日本的书籍会是你最好的选择。但是，这些书只属于器的层面上的，只是教你一些具体的技巧，如果你想更深入地学习，它们就不能满足需求了。所以，在读完

第三章
如何通过阅读进行学习

这些书之后,你可以考虑找其他的书来读。

中国的书大多数会把理论讲得很完善,然后告诉你:"兄弟,听我的没错!"读完之后,你也认同书里的理论,但是想要实践起来,却无从下手,因为通常书里没有把理论转化成实践的具体步骤。因此,中国的书最好和日本的书结合起来,技巧加上理论,最后形成自己的方法论。

美国的书通常很厚,它们会告诉你你所面临的问题,让你觉得这个问题很严重,怎么办呢?它马上就给出自己的理论,配合这些理论,它会告诉你一个具体的模型和工具,你直接参照执行就行。比如,众所周知的GTD(getting things done,把事情做完),源自于戴维·艾伦(David Allen)的《搞定》这一本书,这本书一开始就提出了背景和目的:希望人们在繁重的事务中,仍然能保持心如止水的状态。随后书里提出了GTD的理论并给出了实践的模型和步骤。

知道了如何选择书籍,我们还需要知道这本书到底好不好。

有一个最佳的工具就是豆瓣,在豆瓣上你可以查到几乎所有书籍的评分。通常,如果一本出版一年以上的书,评分人数上千,而且书籍评分在7分以上,那么它绝对是一本值得反复阅读的好书。

在选择它之前,还要先看一下书的简介和目录,这样才能知道它是否适合你。比如,如果你想尽快解决时间管理上的问题,那么一上来就看关于GTD的长篇大论的书,绝对不是一个正确的选择,相反,简单易行的《番茄工作法》和《为什么精英都是清单控》更适合。

对于新书,其实没有绝对的好方法来选择,最好能够事先读一部分。因为现在的出版社越来越注重像豆瓣这样的平台,一本新书出版之前,这些出版社的人会通过各种渠道,找很多人,送他们这本书,然后让他们在一个月以内写一篇书评发到豆瓣、简书、公众号等地方。这就是有些书还没有正式发售,就已经有很多好评的原因。

把握好阅读的效率

很多人刚拿到一本新书的时候,心血来潮,如饥似

第三章 如何通过阅读进行学习

渴地读了一部分之后，便束之高阁。到下一次想起来再次阅读的时候，却发现上一次阅读的内容早已忘得烟消云散，不得不从头开始。反复几次，发现自己只是读了很多书的序言。也有一部分人，读完一本书，一两周之后几乎就不记得书里的内容了，更别提消化和应用了。那么，我们应该如何阅读一本书，才能过目不忘，最大限度地吸收书里的知识和技巧呢？阅读一本书，需要多少时间呢？

阅读的时间不能太长，因为会忘掉，下一次阅读时又需要从头开始，但是也不能太短，太短的话就是速读，很容易造成消化不良。

对于一本干货书籍来说，通常用一到两周的时间读完是比较合理的。在阅读之前，可以先看一下它的目录，如果一本书有10章，每章篇幅分别是多少，如果要在一周内读完，需要每天读到哪里，这些都可以在目录上标记出来。

在阅读一本书的时候，应该以什么速度来阅读呢？大家都知道，不同的书应该用不同的速度来阅读，甚至同一本书，不同的地方也应该用不同的速度阅读。很多人追求速读，我曾看过一篇抨击速读的文章，里面有一个我非常认同的观点：**阅读的速度取决于你对这个类别的书的理解程度。**

我经常阅读个人提升类的书籍，所以我读这一类书就很快，反而我读小说却很慢。我读完一本干货书籍的时间大约是一周或更少，但我读一本小说，很可能一个月都读不完。

我们可以把阅读速度作为一个目标去追求，但比阅读速度更重要的是阅读过程中的理解速度。所谓阅读效率，就是阅读速度和理解速度之间的博弈，**阅读的速度，不能快于理解的速度。**

如果你希望评估和提升自己的阅读效率，那么可以做一个关于阅读效率的测试。

找出一本书来练习，最好不是小说，而是学习类的书，因为追求阅读效率从根本上而言还是为了读这本书。找到练习书之后，用手机设定 1 分钟倒计时，用你平时的阅读速度进行阅读，看你能读几页。大部分书每页的字数都在 500 ~ 600 字，如果是英文书，一页大概是 250 个单词。当然，你可以在测试后通过数每行字数及一页行数，来推算出一页的字数，然后乘以 1 分钟内读完的页数，这就是你一分钟的阅读能力。

第三章
如何通过阅读进行学习

通常，普通人的阅读速度为每分钟 300 ~ 500 字。测试阅读速度之后，还需要测试理解能力，因为读得再快，没有理解的话，读书也没意义。

如何测试理解能力呢？在做完一分钟阅读测试后，应该对阅读内容进行复述，然后根据以下标准来进行判断：

如果完全不能复述原文，理解程度为 0；

如果仅能够复述重要的内容和整体脉络，但无法讲出次要点，理解程度为 50% 左右；

如果在复述整体要点时有遗漏，理解程度在 50% ~ 99% 之间；

如果所有内容都能复述，理解程度为 100%。

通过这样的测试，你就能够知道自己的阅读速度和理解能力，最终知道自己阅读的效率了。

阅读的层次很重要

畅销书《如何阅读一本书》把阅读分为基础阅读、检视阅读、分析阅读和主题阅读四个层次。

阅读的第一个层次是基础阅读。这个层次要求我们能够理解每句话说什么。通常，我们在小学或初中就会具有这样的阅读能力。但超过 80% 的人也只停留在这个层次，因为在这个年龄段之后，我们几乎没有再接受过关于阅读能力方面的训练。

阅读的第二个层次是检视阅读。它要求我们在短时间里，知道一本书说什么，也就是我们通常所说的略读。检视阅读一般运用于以下两种场景：

当你不知道是否想要读这本书，或不知道是否值得花更多时间来阅读它时，就可以通过检视阅读的方式来判断。

当你拿到一本不容易理解的书时，可以先对它进行检视阅读，这时不用关注不明白的知识点，而是一次性把它读完，先让书里的知识点在脑子里形成一个框架，这样你在精读的时候会更容易。

第三章
如何通过阅读进行学习

在检视阅读时，先看这本书的目录，尝试从目录中找到这本书想要告诉我们的重要论点，以及它的主线和叙述的脉络。其次，挑几个跟主题相关的章节看看，最后随意翻翻，读几页，用这样的速度把全书读完。

阅读的第三个层次是分析阅读。这是最完整的阅读，也是我们常说的精读。关于分析阅读，后面我会介绍我的阅读方法。

阅读的最高层次是主题阅读。这是深入了解一个领域的最佳方式。当我们想要快速学习一个领域的知识时，可以找来这个领域中的多本书籍进行阅读，这就是主题阅读。

对于不同阅读层次的关系，我们可以这样理解：检视阅读可以帮我们大致了解知识点框架，分析阅读是把知识点连接成知识线，而主题阅读是把多本书中的知识线连成知识网。

我的精读方法——大纲阅读法

在我所阅读的书籍中，干货类书籍占很大比例，而我在阅读这些书籍时，都是采用一套我称之为**"大纲阅读法"**或**"关键词阅读法"**的方法。

精读的第一步是了解书籍的信息。先把序言读一遍，你会知道这本书主要讲什么，以及书的主要结构是什么样的，然后仔细研究一下书的目录。这是一个非常重要的步骤，但是有很多人在读一本书时，直接翻开第一页就开始读，这是非常不科学的。在研究目录的时候，最主要的目的就是尝试找出书的主要框架和作者的写作思路，并分配阅读的时间。比如，你想在一周内把它读完，那么每一天应该读到什么位置。

第二个步骤是把这本书先略读一遍，也就是检视阅读。检视阅读的目的，是让书里的重要知识点先在脑子里呈现出来，这会加深我们在精读时的理解。如果这本书不是太难理解，则可以跳过这一步骤。之后，开始花大量时间来精读这本书，在精读的时候，我的方法简单粗暴，就是使用一个A4纸大小的方格笔记本来制作大纲，

第三章 如何通过阅读进行学习

这份大纲就是我的"大纲阅读法"的关键。

大纲阅读法的具体操作方式是,在笔记本上以层级形式一层一层罗列出书里的知识点。

如果你用大纲阅读法读过几本干货书籍,那一定会发现:如果不使用大纲阅读法来阅读一本书,那么对这本书的知识点理解是绝对不可能完整的。为什么?

我们知道,几乎每本书,都会有一个组织结构,比如会分第一部分、第二部分,每一部分又会有很多章,每一章又会有多个小节,每个小节又会有很多或并列或穿插的知识点。这些大小元素就构成了一本书的庞大结构。但问题是,这个结构应该是立体的,而我们阅读到的书却是平面的。也就是说,单单靠普通的阅读方法,无论对阅读的基本技巧掌握得多么炉火纯青,也无法重现这个立体化的结构。所以,根据我的统计,采用普通的阅读方法,能够吸收到一本书中20%~30%的精华,而用大纲阅读法则能够吸收到60%~80%的精华,后者比前者的阅读效果至少增加了两倍。

大纲记录些什么内容呢?最好的记录方式是,记录能够提示自己的关键词,比如,若是一个概念,那就写下它的名字,若是一个案例,那就写一个案例中主角的名字，而不是把所有这个概念的解释或案例的验证过程全部写下来。通常我记录的读书笔记，仅仅需要对我自己起到提示作用即可，而不需要把具体的概念解释一类的内容全都写在上面。

这样做的目的是什么？当我过一段时间再去阅读我的笔记时，看到一个概念的关键词，我会回想这个概念是什么意思，我的回想过程就是加深我记忆和理解的过程。如果把概念的详细解释也写到笔记中，就完全起不到这样的作用——可别小看这个技巧的作用，专治各种阅读健忘症。因此，我的读书笔记，我自己回顾会受益匪浅，但拿给其他人看，可能他根本就不知道我记的是什么。

细心的小伙伴可能会发现，这样的大纲形式，其实和很多人钟爱的思维导图读书笔记如出一辙——它们都是通过一层一层的延展来记录书中的关键内容。在阅读中，相比思维导图，为什么我会更推荐使用大纲的形式呢？

最重要的原因在于，大纲的篇幅非常好控制，我把笔记本纵向分为两栏，一层一层地记录下来就行，一页可以记录很多内容，而且方格本的特性也让我能够非常

第三章
如何通过阅读进行学习

方便地区分出不同的缩进和层级。但是，思维导图在不知道后续内容的情况下，即使用一张 A3 大小的纸也很难控制它的篇幅。我读一本书，即使使用大纲阅读法，A4 大小的方格纸也会记 4～6 页，如果画成思维导图，那会是怎样的一种观感？所以，在阅读过程中，大纲笔记法是最佳的选择，而在读完一本书之后，要归纳书里的重点内容和框架，思维导图才是更佳的选择。这时的思维导图就是这本书内容的一个缩影，相当于自己为这本书写的一个目录。

另外，在精读的过程中，我会在读书笔记上贴上 3 个便签。第一个便签记阅读过程中遇到的问题，第二个便签记突然冒出来的一些想法，第三个便签是为了方便记笔记用到的缩写。为什么会有这个缩写便签？其实完全是为了减少自己的工作量，比如在阅读《如何阅读一本书》时，记读书笔记会频繁用到"阅读"一词，我就把这个词简写为 rd（"read"的首尾字母）。像这样的缩写，如果不把它记录下来，可能过一段时间再来看这份笔记，你就完全成了一个不明真相的围观群众。

精读的时候，大多数人都会对重点内容进行勾画，但使用大纲笔记法之后，应该尽量减少勾画，以免让自己完全找不到要点。**

在阅读纸质书的时候，如果某一页有我勾画的内容，我就会把这一页折起来，这样回顾的时候，会很容易找到。所以我读过的书，通常都有很多折页，我把它戏称为"把书读厚"。

如上文所述，应该用一周左右的时间来把一本书读完，而在下一次阅读之前，我们需要对上一次阅读的内容进行回顾。回顾的时候，花上 5～10 分钟，打开大纲笔记去回想一下每一个关键词的具体含义。

精读完一本书之后，还需要整理阅读过程中的笔记，这时可以直接使用印象笔记的扫描功能或扫描全能王App，把大纲读书笔记拍照保存。同时需要保存的还有书摘，如果是纸质书，同样可以把勾画的内容进行拍照或手动录入保存。如果是阅读 Kindle 电子书，保存书摘就更加方便了，我们可以直接使用 KNotes（支持 PC 和 Mac 平台）这个软件进行保存。

完成这些工作后，我们还需要对这本书做一个总结，最简单的总结就是用一句话说明这本书，比如对《刻意练习》这本书，用一句话说明的话，我会这样总结：

第三章
如何通过阅读进行学习

通过正确的练习方法，任何人都能成为大师。而练习方法就是需要有一位好导师不断给你指导和反馈。最终，通过这些正确的练习方法，让你大脑里的脑灰质和脑白质增多，以适应你的变化。

如何提升你的阅读速度

在阅读过程中，刻意训练自己的阅读速度是必要的，虽然不是人人都能达到影像阅读的境界，但通过合理的训练，让自己的阅读速度提升 2～3 倍却是非常容易的。而且，快速阅读是非常重要的技能——在你想学习的众多技能中，它应该是需要你最先学习的。

我们可以算一笔账。为了好计算，我们就算一本书有 10 万字，普通人的阅读速度是 400 字 / 分钟，那么阅读一本书需要耗费 4.2 小时。通过阅读速度提升训练，一个月内可以将阅读速度提升 0.5～1 倍，也就是 600～800 字 / 分钟，甚至可能更多。如果一年阅读 30

本书,我们能够节省多少时间?

在介绍具体的提升阅读速度的方法之前,我们应该了解,影响阅读速度的主要因素有眼球运动方式和眼睛的视野问题。

眼球的运动方式

大多数人都是逐字阅读书籍的,而这就是阅读速度低下的主要原因。

在逐字阅读的过程中,最重要的动作就是眼球的运动。眼球的运动主要由两个方面组成:一是位移,二是对焦。这就像我们用相机拍照,先移动到想拍的物体之前,然后相机就会自动对焦。通常我们的眼球位移只需要千分之几秒,但眼球对焦却需要大约1/4秒。这些时间看上去很少,甚至可以忽略不计,但有研究表明,在阅读一本书的过程中,眼球的位移和对焦所花费的时间占到总阅读时间的1/3。也就是说,如果你花3小时读完一本书,那其中就有一个小时啥事儿没干,光移动眼球去了!

第三章
如何通过阅读进行学习

眼睛的视野问题

以眼球的运动方式为基准，如果你的阅读方式是逐字阅读，通常每一次眼球的位移，视野都只有一个字，那么读一行字，就得对焦很多次。如果是换行的话，就更糟了，因为你的眼球要从右边位移到左边。看一次内容，眼球需要位移并对焦一次，这是我们不能改变的动作，但我们却可以改变眼球一次位移后所聚焦的内容视野。如果通过训练，眼睛的视野能从1个字增加到5个字甚至更多字，那么阅读速度也就成倍提高了。

在训练之前，需要先通过测试，知道自己现在的阅读效率，有数据才能考核，有考核才能提升。而所谓的阅读效率，是指阅读的理解程度和阅读速度之间的博弈，任何只关注后者的阅读方法都是没有用的。那么提升阅读速度的方法都有哪些呢？下面我来一一介绍。

指读法

指读法是指在阅读时，使用手指作为指引，眼睛跟随手指进行阅读。这种小学生用的阅读方法能够提升阅读速度？是的！在阅读时，如果有手指的指引，阅读速度就会大幅提升。指引有多重要，我们可以做一个实验：请控制你的眼球，做一个规律的圆周运动。正常情况下，如果没有经过训练，你是做不到的。现在，找一位你身边的朋友，让他用手指做引导，用食指画圈，你的眼球跟着他的手指进行移动，这次你一定能够做到。很多小朋友在阅读的时候都会用手指着书，这项技能我们每个人都会，只是忘记了。为了提升阅读速度，我们要把这样的方法重新利用起来。

3—2—1练习法

练习的第一步，拿出你的练习书，设定一个3分钟的倒计时，然后进行阅读。在阅读过程中，用手指作为指引，3分钟后，标出你阅读到的位置。这3分钟，如果使用手指做指引，你可能阅读3页。第二步，设定一个2分钟的倒计时，然后在2分钟内，你需要读完第一遍阅读的所有内容，即3页。第三步，设定一个1分钟的倒计时，这一次，你需要在1分钟内读完第一遍阅读的所有内容。这就是3—2—1练习法,即需要你在越来越少的时间里,阅读同样篇幅的内容。

2—2—2练习法

拿出你的练习书,设定一个2分钟的倒计时,然后用手指作为指引进行阅读。2分钟后,标出你的阅读位置。这是第一步,假设这一步你读了3页。第二步,还是设定一个2分钟的倒计时,但这一次,你需要阅读包含第一步阅读内容在内的两倍的内容,即6页。第三步,同样是2分钟的倒计时,你需要阅读包含第一步阅读内容在内的3倍的内容,即9页。这是2—2—2练习法,需要你在同样的时间里,依次阅读2~3倍于开始时阅读篇幅的内容。

2000字/分钟练习法

通常,一本书一页约有500字,所以,我们数出4页,尝试在1分钟内读完,读完后判断自己的理解程度。

使用 Kindle 进行练习

在分析阻碍阅读速度的因素时，我们曾提到，增加眼球一次位移和对焦后的视野范围是提升阅读速度的一个有效方法，但是，对于刚开始训练的人来说，这可能并不容易。因为，纸质书的一行字是固定的，很难改变原有的习惯而做到视野范围的大幅提升。如果你有类似于 Kindle 这样的电子阅读工具，就好办多了。因为我们可以按自己的需要来调整每行的宽度、行间距等。比如，在设置之前，用 Kindle 阅读一本书的页面时会如图 3-1 所示。

> 第1章　有目的的练习
>
> 我们刚刚进行到第四次练习，史蒂夫·法隆（Steve Faloon）似乎开始泄气了。那是我做的一个实验刚刚进行到一个星期的星期三时的情形。我起初预计，实验将持续两三个月之久。但从史蒂夫对我说的话里，我能感到这个实验似乎没什么太大的意义进行下去了。他对我说："我的极限似乎在8个数字或者9个数字。"我当时对他说的话录了音，并且在我们每次上课的时候都会播放。他继续说，"特别是9个数字，不管我采用什么方法来记，都很难记住。你知道，我有我自己的方法。但无论我用什么方法，似乎都不重要了——太难了。"
>
> 史蒂夫是卡内基梅隆大学的学生，我在那里教书的时候，曾聘请他参加这个实验。他一星期和我见几次面，任务很简单：记住一串数字。我以大约每秒一

图 3-1　Kindle 阅读器界面

第 三 章
如何通过阅读进行学习

对于阅读速度一般的人来说，每一行会对焦很多次，所以读得很慢。通过人为调整 Kindle 的行宽度、行间距等选项，阅读体验就变成了图 3-2 这样。

图 3-2 调整后的 Kindle 阅读器界面

这样通过人为设置的方式，让屏幕的一行显示更少的字，以帮助我们在阅读时缩小眼睛来回移动的范围。这样一来，在阅读时，眼睛无须左右移动，只需上下移动就可以了。而调整过后，我可以做到一眼扫视很多行。

你可以每天拿着练习书，利用一个番茄时间（25 分钟）来练习这些训练阅读速度的方法。大概只需 3 周左右，你的阅读速度就能够轻松提升1~2倍；只需21天，每天25分钟，就可以学到一项受用终身的技能，没有比这更划算的了。

要重视多元化阅读

阅读效率关注的是两个层面，即数量和质量。只有数量而没有质量，就是浪费时间；只有质量而没有数量，就不能引发质变。前文的读书方法解决了阅读质量的问题，接下来我们还需要解决阅读数量的问题。

曾有人统计过世界上各个国家的国民阅读量，发现以色列以人均每年64本书的数量稳居第一——大家都认为犹太人聪明，其实，这就是原因之一；紧随其后的是俄罗斯人（人均每年55本）、德国人（人均每年47本）、日本人（人均每年40本）。而中国呢？我们人均每年4本。

我现在一年的阅读量能达到100本以上，对很多人来说，这样的阅读量是很难达到的。那么有没有什么办法能够尽可能地读更多的书呢？答案是肯定的，这个方

第三章 如何通过阅读进行学习

法就是"多元化阅读"。

通常，我把书籍分为四个类别，分别是：

职业技能类——以你的职业技能为主的专业书籍，比如 Wrox 之于程序员。

辅助技能类——在职业技能之外，有一系列技能，我把它们称为辅助技能，这些技能能够帮助你更好地工作和生活，比如时间管理、冥想等。

知识拓展类——这个类别的书能够拓展自己的知识面或满足自己的兴趣所需，比如历史、科学等。

消遣类——这一类的书用作娱乐或放松，比如小说、文学类作品。

这四类书中，职业技能类书籍事关自己的职业发展，要不断提升自己的能力，那就得尽可能地多读、精读，阅读的方法就是"大纲阅读法"。消遣类书籍利用放松或碎片时段阅读即可。职业技能类和消遣类的书籍是每个人的必读书。辅助技能类和知识拓展类书籍，我也会阅读一部分，对于这类书，我会选择多元化的方式进行阅读，比如听整本书或只听书的精华解读。

随着近两年知识付费行业的高速发展，很多平台都开始推出听书栏目，比如樊登读书会、喜马拉雅等，我自己也发起了专注于个人提升领域的书籍精读。很多人会有疑虑：为什么要听书？自己读收获更大呀！现在，我们就来讨论一下，尤其是对于辅助技能类和知识拓展类书籍，我们为什么要选择以听书等方式为主的多元化阅读？

原因一：你确定自己会去读那些好书吗

先来看一个书单：

《高效能人士的七个习惯》；

《搞定》；

《清单革命》；

《如何阅读一本书》；

《拖延心理学》；

《刻意练习》。

这六本书，是我解读过的书籍。试问：这些书，哪本你没听过？你买了几本？买了后你读了多少？这些书都是不可多得的好书，但是有很多人买了回来，几年过去了，可能也只是读了序言。因为自己读不下去，就放弃这些好书，不是人生一大憾事吗？多元化阅读可以帮你弥补这些遗憾。

原因二：阅读不同的书，需要不同的能力

我们必须承认一点：任何形式的读书分享都比不上自己阅读的收获大。但是，阅读不同的书需要不同的能力，如果你经常读自己专业内的书籍你就会发现，自己读这一类书籍会很快，而读休闲类的小说、散文类的书籍反而很慢。术业有专攻，何必强迫自己事事亲力亲为呢？你搞定你的专业书籍，多元化阅读帮你搞定辅助技能和知识拓展类的书籍。

原因三：对很多领域，你不必精通

这个时代需要的不是精通多项技能的人才，而是拥有 T 型知识结构的人。T 下面的一竖，代表你需要一项

足够深入的专业能力，上面的一横，则表示你拥有多项浅尝辄止的能力。这些浅尝辄止的能力可以理解为辅助技能，比如，时间管理就是一项辅助技能，你找到适合自己的时间管理方法，然后付诸实践，它能够帮助你管理待办事项、平衡工作和生活，这就够了。在辅助技能领域，追求深入和高大上都是本末倒置的。番茄工作法够用，何必再去花大量时间和精力去折腾GTD？多元化阅读能够帮助你在辅助技能和知识拓展领域浅尝辄止，达到够用的程度。

原因四：节省时间成本

读一本书需要花费多少成本？不就是几十块钱的购书费用吗？远远不止。精读完《如何阅读一本书》，再进行知识梳理，至少需要10个小时——能在这个时间内读完还需要不错的阅读能力。10个小时，值多少钱？如果月薪1万元，那么时薪为10000÷22÷8=57元。

读完这本书，加上购书费用，你花的成本接近600元。我相信，聪明的你能够用这10个小时去做更有意义的事。我做了一个统计，在进行个人提升类书籍的阅读分享的同时，我自己每年在听书上的花费也接近 800 元，但物超所值。

在 T 型知识结构中，对下面的一竖所代表的专业技能，别急，慢工出细活，慢慢加深深度；一横所代表的辅助技能，你可以急躁一点，浅尝辄止地快速掌握多项技能和知识。

几乎所有的时间管理理论中都有一条原则：不必凡事亲力亲为，你得学会委托他人。

在学习和阅读领域也是如此，你没有必要任何事都自己搞定，专注于对你长远目标最重要的事，其余的——"外包"！

第四章

学习时如何记笔记

在学习的过程中，无论是阅读、讨论还是线上微课，记笔记都是必不可少的。现在，我们具体来谈一谈笔记的记录方式。

第四章
学习时如何记笔记

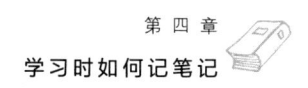

你记笔记的目标达成了吗

你可能会问：记笔记还需要专门学习吗？从上学到工作，我可是记了十几年甚至二十几年的笔记呀！但是，你记录的笔记真的有用吗？

大多数人对自己记完的笔记基本上都不会再看第二眼，即使记录时在心里告诉自己："嗯，这一点很重要，一定注意复习。"但一放下笔，就把这些重点抛之于脑后。

而且，大多数人的笔记起不到任何的回顾和提示作用，因为他们的笔记通常杂乱不堪，完全分不清重点，根本无法从中找出重要的线索。我们应该如何拯救自己的笔记呢？

记笔记的终极目标只有一个，就是**再现性**。无论过多久，当你再次翻开你的笔记，很快就能理清思考的主线，并找到要点和结论，这就是最好的再现性的表现。你在记笔记时,可能会字迹潦草,也可能会记不完整,但只要满足了再现性这个目标,那就是一份好的笔记。

现在,我们来重新看看自己之前的笔记本,为什么即使回顾也起不到什么作用呢?原因在于,再现性太差,或根本毫无再现性可言。通常造成笔记本再现性差的原因有以下几点。

选择了错误的笔记本

大部分人用的笔记本都是中型或小型的,因为它们方便携带。谁会随身带着一个A4甚至A3纸大小的笔记本呢?其实不然,太小的笔记本根本不利于思考和记录——如果一份笔记得连续翻几页,再现性就难以得到保证。

没有对笔记本进行分类

你没有将场景与笔记本相结合,不管是工作、学习还是阅读,需要记录一点东西的时候,总是随手找一个笔记本就开始记录。这样一来,有用的笔记可能存在于任何一个笔记本中,当要查找它们的时候,就非常困难了。

第四章
学习时如何记笔记

没有对笔记内容进行物理划分

很多人都有一个习惯,无论是在讨论事情,还是在思考的过程中,都喜欢用笔在笔记本上写写画画,这其实是一个非常好的习惯,有助于你整理思维。但大部分人都是毫无计划地记录,没有对笔记本的记录区域进行物理划分。

笔记没有主题

很少有人会在每一页笔记写下这一页笔记所描述的主题和重点,这就导致事后想要查找相关笔记时变得非常困难。即使好不容易找到,却又要花很长时间去回顾记录这篇笔记时的场景。

笔记没有重点

很多文具控会购买各种颜色的签字笔甚至荧光笔,让笔记看起来很漂亮,但要在花花绿绿的笔记中找到需要的内容并不容易。

没有约定的笔记规范

无以规矩，不成方圆。很多人在记笔记的时候为了方便，会临时创建一些缩写或术语，但过一段时间再看，却不明白当时记录的内容了。

从选择正确的笔记本开始

学习笔记，通常需要的篇幅都很长，而且逻辑性很强，所以，笔记本的选择，需要满足这样两个条件：**一是使用方格内页的笔记本，二是笔记本至少是 A4 大小**。

很少有人关注笔记本的内页，因为我们似乎从上学以来，一直认为笔记本都是横间内页的，也就是以横线进行行与行的划分的。其实，笔记本的内页有很多种，除了横间，还有空白内页，以及一些功能型笔记本，比如时间日志、周记甚至年计划等。而我极力推荐的是方格内页的笔记本。

第四章 学习时如何记笔记

运用方格本，我们可以轻松地绘制任务框和进度条，记录层级序号而不会越来越扭曲，甚至可以直接手动绘制图表和月历。如果你有兴趣，还能用它来下五子棋。那么，为什么必须是A4纸大小的笔记本呢？因为本子越大，越利于思考和记录，同时考虑到携带方便，大多数人的背包都能够装下A4纸大小的笔记本。因此，A4方格笔记本是最佳选择。平时，我随身都会携带两个方格笔记本。

曾任麦肯锡咨询公司董事长的大前研一曾说过：我在工作中记笔记、提炼想法的时候，都会使用蓝色的方格纸，从方格纸的左下方向右上方写出重点。我一边听顾客讲，一边记笔记，写到方格纸的右上角时，自然形成金字塔结构，引导出结论。

不同的是，大前研一使用的是A2纸大小的方格本，A2有足足4页A4纸那么大！

我们还需要根据自己的记录场景来对笔记本进行分类。所谓记录场景，就是需要使用笔记本进行记录的场合，比如，工作的时候、学习专业知识或技能的时候、记录想法的时候、记录待办事项的时候等。每一个场景，都需要准备不同的笔记本，并为它们写上标签，比如阅读笔记本、课堂笔记本等。如果你经常通过微课进行学习,甚至可以专门准备一个笔记本,用于记录微课中的学习笔记。

除了刚才说的绘制图表、记录层级等入门级的用法以外,方格笔记本还有更多的高阶用法,这些高阶用法,都涉及对笔记本进行物理区域划分。

康奈尔笔记法

康奈尔笔记法是美国大学生最常用的笔记方法,也是公认的最适合用于学习的笔记方法。

在运用这种笔记方法之前,你需要在你的方格本内页上画出两条线,通过这两条线,把笔记本的内页划分成三个区域,如图4-1所示。

这三个内容区域分别是,上面右侧的最大区域是笔记的内容区域,左侧的部分是笔记的线索区域,最下面的部分是笔记的概要区域。

第四章
学习时如何记笔记

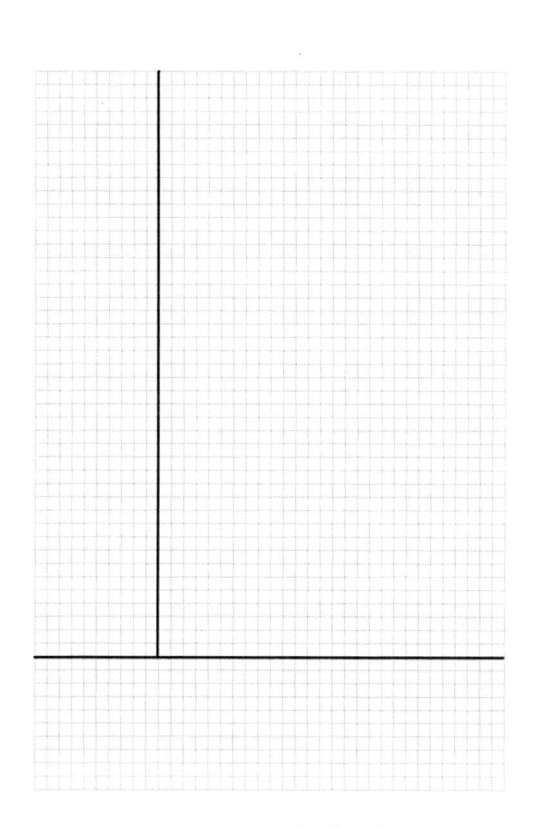

图 4-1　康奈尔笔记法示意图

在学习的时候，我们先将学到的内容在笔记内容区域记录下来。这些内容很可能是听课时的笔记或老师板书的精简版。把这些内容记录完毕后，要在 24 小时内回顾它们。回顾时主要看内容区域的内容，并有意识地基于内容区域提炼出重点或框架，然后记录在线索区域，最后再为这篇笔记加上标题和索引，编制成摘要。

可以用一句话对康奈尔笔记法进行总结：在你的学习过程中，把学到的内容都记录在内容区域，并在24小时内复习它，复习的时候为这些内容提炼出重点或框架，记录在线索区域，最后在底部记录对这些知识点的总结。

黄金三分法

对于大部分已经工作的人来说，可能更多时候要面临的是解决具体的问题，这时就需要用到另一种方格笔记法，这就是黄金三分法，也是我现在使用最多的笔记方法。

在使用黄金三分法之前，需要在A4方格本上画出3条线，把内页分为4个区域。但需要注意，通常使用黄金三分法时，最好将笔记本横向使用，如图4-2所示。

第四章
学习时如何记笔记

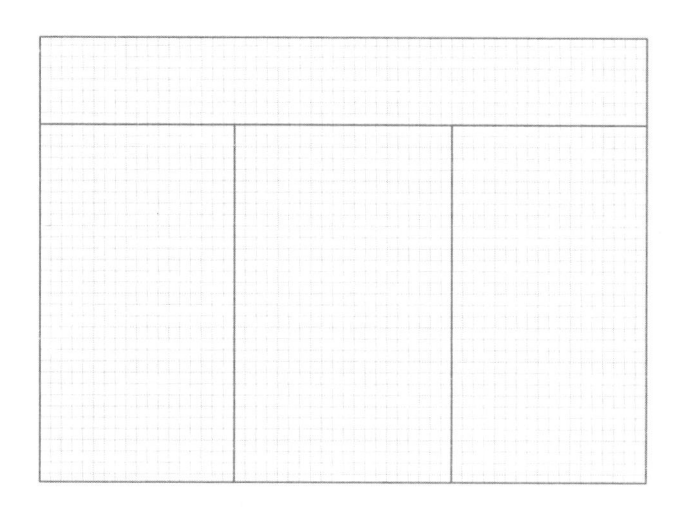

图 4-2　黄金三分法内页示意图

顶部贯穿的横向区域用于记录日期、标题和重要的结论，底部的三个区域分别用于记录事实、解释和行动。所谓事实，就是当前的现状、正在思考的问题及希望达成的目标等。解释则是基于当前现状所做出的分析。然后，在行动区域列出基于这些分析而接下来需要采取的行动。其实这就是一个针对事件进行分析的整体流程。当以这样的方式记录完成之后，你就会发现，目标清晰了，问题也分析完了，需要采取的具体行动及相应的责任人也定下来了。

在使用黄金三分法记录时，首先要在笔记顶部左侧写下记录的日期及笔记的标题,在思考记录的过程完成之后,再把最重要的几点结论,写在顶部的右侧。这样,一篇基于黄金三分法的笔记就完成了。

当你事后查找的时候,就无须再满本子乱翻了,直接看标题,通过标题就能找到你需要的笔记。然后再看顶部的结论,就能够对重点略知一二,大部分时候,你甚至根本不用再去看具体的记录区域。如果你需要思考的内容太多,那可以使用一张A3纸来完成黄金三分法的记录。什么?A3纸不太好找?直接把A4的方格笔记本打开,对开的两页平摊在一起使用,不就是A3了吗!

康奈尔笔记法更适合用于学习,黄金三分法则更适合用于思考。那么,在记笔记这件事情上,这两者有什么不同呢?学习是尽可能多地记录知识要点,而思考则是从大量的分析数据中总结提炼出一点或几点结论。

第四章
学习时如何记笔记

大纲笔记法

前文我介绍了自己在阅读时的主要笔记方法,即大纲笔记法,或称其为"关键词笔记法"。其实,这样的笔记方法,不仅可以用在阅读中,还可以用在更多的学习场景中。

大纲笔记法完全没有什么复杂的原理,也没有复杂的操作步骤,它只是一种极为简单的笔记技巧。记录的核心在于,记笔记的过程中,不再记录一连串的文字或一句完整的话,而仅仅记录一系列关键词,并配合方格笔记本的特性进行层级区分。以阅读场景为例——这是我使用大纲笔记法最频繁的场景,如图4-3所示。

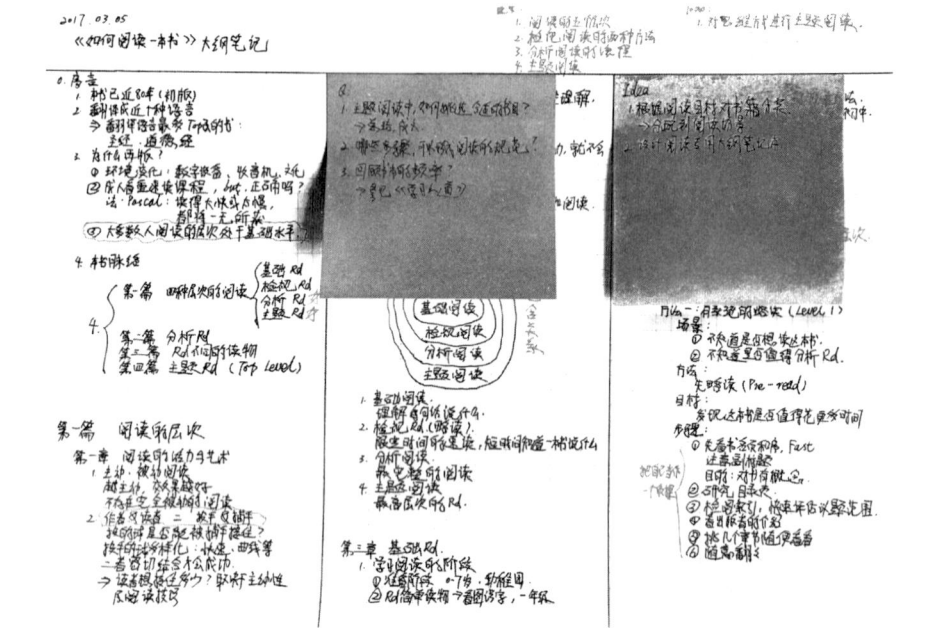

图 4-3 我的大纲笔记法使用场景

我有一个专门的 A4 方格笔记本作为我的阅读笔记本，通常我会竖着使用这个方格本。在读一本书之前，我先用一条竖线把一页一分为二，让它成为对开的两栏。之所以要竖向对开，是为了充分发挥 A4 方格本的大小优势，这样一栏可以记录更多的内容。接着，写上这本书的名字和阅读日期，然后就开始阅读。

在阅读过程中，我们会发现很多概念、理论和用于

第四章 学习时如何记笔记

支撑它们的案例,对于这些重点内容,你之前是怎么处理的呢?大多数人都会把概念逐字不漏地写下来。其实,这样的做法并不是明智之举。你应该记录的不是详细的、具体的概念解释,而是这个概念或理论的名称,也就是一个关键词。如果是一个案例,那么你可以把这个案例的故事发展脉络用多个关键词记下来,并用箭头连接起来。你可以以书的章节为主线来记录这些关键词,并对每一章、每一小节使用层级缩进进行区分。

一本书读下来,我们最后能够得到类似图 4-3 这样的一份大纲笔记,这份笔记正是书里所有重点内容极具逻辑性的表现形式。有了这份大纲笔记,在回顾这本书的内容时,对照笔记回想每一个关键词的背后到底是什么意思,这会大大增加自己对本书的理解和记忆。

这是什么原理呢?这就涉及大脑的结构。我们的大脑有两种思维模式——专注模式和发散模式,大脑的左半球负责专注模式,右半球则负责发散模式。当我们在阅读一本书时,专注模式开始工作,它能够帮助我们聚焦于理解一个具体的理念,但同时它也会让我们陷入思维定势效应,让我们跳不出当前思维的圈子,找不到新的解决方案,也就是我们通常所说的一叶障目。这时,我们就需要刻意让大脑切换到发散模式，在发散模式下，我们刚才所学习到的这些新知识能够在大脑里快速建立连接，形成知识组块。

通常，发散模式只会发生在放松的休息时间里。你一定有过在散步、睡觉或洗澡时突然冒出一个好点子的经历，这就是发散思维的力量。因此，我们需要在学习过程中高度专注，但是一定要保证足够的休息时间，因为这是最好的消化知识的时机。在休息过程中，我们可以以放松的心态，对照关键词去想一下每个关键词背后的概念、意义或案例的经过是什么。

在休息时间的这种回顾，我将它称为回想。千万不要小看关键词和回想的组合力量，很多人拥有的过目不忘的能力，就是通过这个技巧培养起来的。不仅如此，关键词笔记法还有另外一项独特的技能——当你把多个领域的关键词放在一起的时候，它能够刺激你的创造性，把两个不相关的事物连接起来。

除了阅读、学习这些场景以外，关键词笔记法同样可以用于课堂或会议等场景。这些场景都有一个共同点——就是有人在滔滔不绝地讲，而自己却在下面快速地记录。曾有不少人问我："我记笔记的速度老是跟不上

第四章
学习时如何记笔记

怎么办呀？"你当然跟不上！如果记录的速度能跟上说话的速度，那才是见鬼了。既然跟不上，那应该怎么办呢？这时，大纲笔记法就派上用场了。听讲的时候，把80%的精力都用在听讲上，偶尔记录一个关键词，这时笔记不是重点，只需要记录下关键词即可，在课堂或会议结束后，再去补充你的笔记。

其实，很多在校学生的笔记就是照抄老师的板书，这样的笔记方式是极为低效的。最高效的笔记法就是课堂上听懂并记下要点关键词，下课后再去整理。这时，可以将康奈尔笔记法和大纲笔记法结合起来，在内容区域记录下关键词，下课后，再按照康奈尔笔记的使用方法对笔记进行整理。说到大纲笔记法，就必须推荐一款电子版的笔记工具——幕布。

幕布是一款简单的大纲制作工具，利用幕布，能够很快把自己的想法分层级罗列出来，并很方便地控制它的缩进，如图4-4所示。

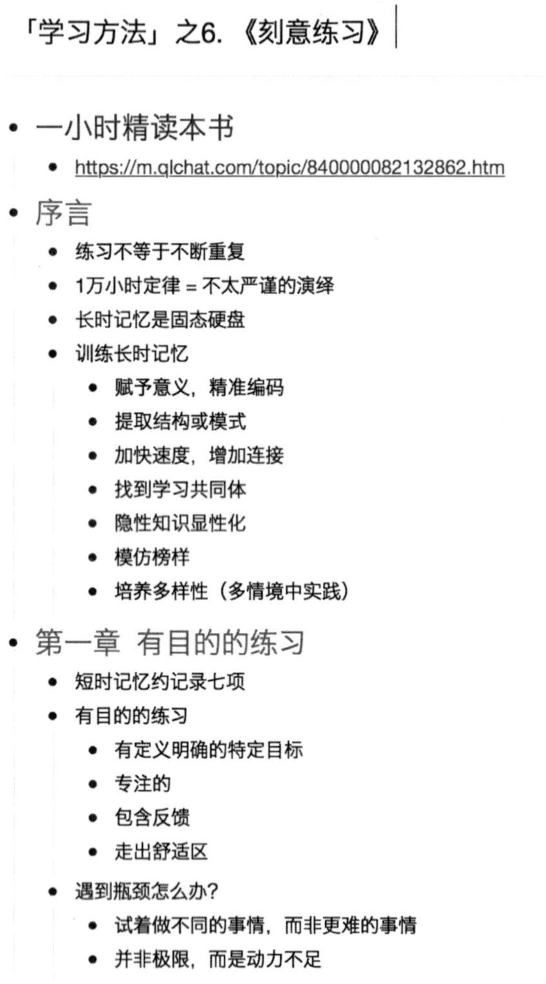

「学习方法」之6.《刻意练习》

- 一小时精读本书
  - https://m.qlchat.com/topic/840000082132862.htm
- 序言
  - 练习不等于不断重复
  - 1万小时定律 = 不太严谨的演绎
  - 长时记忆是固态硬盘
  - 训练长时记忆
    - 赋予意义，精准编码
    - 提取结构或模式
    - 加快速度，增加连接
    - 找到学习共同体
    - 隐性知识显性化
    - 模仿榜样
    - 培养多样性（多情境中实践）
- 第一章 有目的的练习
  - 短时记忆约记录七项
  - 有目的的练习
    - 有定义明确的特定目标
    - 专注的
    - 包含反馈
    - 走出舒适区
  - 遇到瓶颈怎么办？
    - 试着做不同的事情，而非更难的事情
    - 并非极限，而是动力不足

图 4-4　幕布示意图

第四章
学习时如何记笔记

幕布的核心就在于大纲，但不只是大纲。现在提倡极致思维，而幕布把大纲做到了极致。用一个词来评价使用幕布后的感受，那就是"行云流水"般的舒服。在使用幕布整理思维时，很容易做到只关注内容本身，仿佛进入心流状态，一点一点、一层一层地梳理自己的想法。

思维导图和大纲的层级内容是相通的，大部分的思维导图软件都提供了查看甚至导出大纲内容的功能，幕布则提供了大纲向思维导图转化的功能。

因此，我们也可以通过幕布以大纲为主的思路来反向制作思维导图，这就为偏爱思维导图的小伙伴提供了更好的方式——在记录的过程中，只需要用幕布来记录大纲，而不是在记录的过程中把整个导图拖来拖去，在记录完毕之后，只需要单击一个按钮，就能够把记录的大纲转换为思维导图。

常用的记笔记技巧

很多人在运用方格笔记本的时候会比较纠结：我是不是应该一格写一个字呢？完全没有必要。写字的时候你就当作格子不存在。

使用方格本时要留意层级，因为需要记录的内容很可能是层层递进的。就像我们在用 Word 写方案时，可能会有章1、章2，然后还会有1.1、1.2、2.1、2.2这样的小节。运用方格本的特性，我们能够轻松自如地控制内容的层级缩进。

你需要有自己的空行、空格的规则，比如，我的规则是这样的：一级标题记录完毕，空两行；二级标题记录完毕，空一行。这样更美观，而且也为后期的补充预留出了足够的空间。

通常，我们习惯用很多颜色来区分笔记的重点，很多女生尤其喜欢这样做。但是太多颜色反而容易让人找不到重点（尤其是你没有约定颜色规范的时候）。所以，**笔记的颜色最多不能超过三种颜色，否则太多的颜色反而会让人找不到重点。**

第四章
学习时如何记笔记

一项研究表明：在书写的过程中，蓝色利于激发创造性，红色利于提高准确度，所以，在选择笔的颜色时，可以参考这项研究结果。比如，我在记笔记的时候，通常使用蓝色的签字笔，而在回顾笔记的时候，用红色标出重点。另外，在选择笔的时候，一定要挑书写起来流畅的笔，我比较青睐无印良品0.38毫米的签字笔。

你还需要为自己的笔记建立一套规范，目的在于更加快速地记笔记且不会忘记自己的记号。如果没有规范，这段时间用这个符号，过一段时间又换了另一个符号，久而久之，你可能都不知道到底是什么意思了。

在这里，我为大家分享自己使用的一套笔记规范，大家可以参照使用，如表4-1所示。

表4-1 我的笔记符号规范

=等于（equal）	e.g. 举例（for example）
≈大约（about）	i.e. 即是（that is）
→结果（result）	esp. 尤其（especially）
←原因（reason）	p.s. 附注（postscript）
↑增加（increase）	ef 比较（compare）

（续表）

↓减少（reduce）	NB 注意（notebene）
+加、并且（plus）	&和（and）
*重点（keypoint）	Q 问题（question）
>大于（more）	A 答案（answer）
<小于（less）	etc. 等等（etcetera）
△变成（become）	pf 证明（proof）
∵因为（because）	w/o 没有（without）
∴所以（therefore）	VS. 对抗（versus）
~大概（approximately）	

第五章

管理学习成果

掌握了学习方法，你会有大量的学习成果。如何妥善地保存学习过程中产生的笔记、想法等，是一个值得研究的话题。在学习过程中，我大部分的资料都是通过知识管理工具——印象笔记来保存的。本章就以印象笔记为主，告诉大家知识管理的方法。

第五章

管理学习成果

你真的了解印象笔记吗

印象笔记应该是现在使用得最多的笔记工具了，这是一款来自于美国的笔记软件，它本来的名字叫EverNote，从开始到现在，它的图标始终都是一头大象。这有什么寓意吗？

在美国，有一句谚语是"An elephant never forgets"，翻译成中文就是"大象永远不会忘记"。这就是印象笔记的理念，把你的信息存放在印象笔记软件里，你就永远都不会忘掉它了。

我最初使用印象笔记是在2008年，那时它还是一个功能简单的单机版，经过数年的发展，现在它已经成为全球用户最多的笔记软件。印象笔记几乎支持所有的平台，无论使用安卓还是苹果手机，无论使用Windows还是Mac电脑，你都能下载它的软件，甚至你还可以通过网页来使用它。

在印象笔记里，有四个最为基础的元素：笔记、笔记本、笔记本组和标签。在这里我先做一个简单的介绍，因为我们在后面的内容中会频繁地提到这些元素。

笔记

你可以通过创建的方式来建立一篇新的笔记，或将其他地方的内容收集进来，这是印象笔记中最基础的元素，你可以保存多达 10 万条笔记。这是一个非常庞大的数字，我现在的笔记只有 2000 多条，但回收站里却有近 20000 条。

笔记本

这是印象笔记中对笔记进行归类的重要元素，你可以创建多达 250 个笔记本。我现在拥有 92 个笔记本。

第五章
管理学习成果

笔记本组

笔记本组就是笔记本的收纳器，和很多笔记软件不同，印象笔记的管理方式仅支持笔记本组和笔记本，一条笔记必须隶属于一个笔记本。如果以文件夹的思维来看待它，只能建立两级的文件夹，是不是觉得非常不方便？如图 5-1 所示。

其实，我们应该换一种思维来看待它。这种两级的分类方法让我想到了带有分类页的笔记本，我们可以把这种实物笔记本想象成笔记本组，而经过分类后的每一个区域就是印象笔记中的一个笔记本，里面一页一页的纸，就是印象笔记中的一条笔记。所以，印象笔记的这种设计，是比较符合真实笔记本的设计理念的。这种两级的分类方法，使用久了反倒觉得挺好的，因为在文件管理当中有一条不成文的规定：当你需要通过进入三层以上的文件夹才能找到你的文件时，那你就应该重新设计你的文件管理结构了。因此，印象笔记的两级分类是很科学的。

📄 00 收集箱 84	9:20 AM ···
📄 01 点子 4	2014/10/... ···
▼ 02 Workflow 7 Notebooks	
📄 2018阅读分享 4	Jul 12 ···
📄 20170926 课程_唯库_笔记术系列课 10	Sep 9 ···
📄 20180227 学习系列课程	Mar 15 ···
📄 20180513《高效学习的艺术》	May 16 ···
📄 20180814 共读第一期	Oct 15 ···
📄 PN_产品 10	2017/10/2 ···
📄 内容_饭团	···
▶ 03 工作相关 12 Notebooks	
▶ 04 专业知识 6 Notebooks	

图 5-1 印象笔记的两级分类示意图

标签

这是印象笔记一个非常强大的功能，你可以为一篇笔记打上多个标签。在印象笔记中，文件结构是两级的，

第五章
管理学习成果

只有笔记本组和笔记本,但标签却可以是多层级的。很多印象笔记的新用户都不太明白标签应该怎么使用,其实一句话就可以说明:**这篇笔记是什么,决定它应该属于哪个笔记本;这篇笔记包含什么,决定应该给它打哪些标签**。比如,我读完李参老师的《印象笔记留给你的空间》这本书,然后写了一篇读书笔记,如果将它保存在印象笔记中,我会保存在"读书笔记"这个笔记本中,将它和所有的读书笔记归类在一起,因为它就是一篇读书笔记。同时我也会为它打上"效率、App、印象笔记、技巧、阅读、笔记"等标签,因为这篇笔记同时包含了这些性质。

在标签的使用上,我建议大家为自己的笔记多打一些标签,通常我的每篇笔记都会有4~6个标签,这样在查找的时候,直接搜索这些标签就能够找到,非常方便。除了常规的笔记属性标签,我还有一套简单的状态标签。什么是状态标签呢?就是用于标记一篇笔记对我而言需要怎么去处理它的标签。比如,我保存了一篇文章是需要我尽快阅读的,那我会为它打上"!read"标签,代表着需要尽快阅读。我加的感叹号是我自己定义的状态标签的通用标识。除了尽快阅读的状态标签,我还有这些常用的状态标签：

!focus——代表随时关注的标签；
!todo——代表需要尽快完成编辑的笔记；
!review——代表我需要尽快复习的标签；
!toexp——代表需要把这篇笔记梳理成经验的标签。

你可以把这些标签手动创建到印象笔记的快捷方式区域，以便需要的时候能够快速访问。

如何使用印象笔记

印象笔记是用来收集资料的。**关于收集，我们要有一个重要的基础理念：集中保存资料，分散使用场所。**

意思就是要把你的资料集中保存在一个地方，但是要让这些资料在任何地方都能够访问。集中保存资料意味着你应该用资料库来保存特定类型的资料，而不是过

第 五 章
管理学习成果

度依赖原有的文件系统。这个资料集中保存的地方就是印象笔记。我几乎所有的资料都会保存在印象笔记里，无论它是一段简单的文字，还是一份 Word 或 PDF 文档。当我需要一份资料时，直接根据我能够回忆起的关键词或可能存在的标签进行搜索即可。相比文件夹的管理方式，资料库的管理方式在效率上的提升绝对是指数级的！

构造自己的第二大脑

我会用印象笔记收集与工作相关的内容，比如，我会收集所有公众号与我合作所发布的图文信息，存档后便于以后查找。同时，我也会收集所有微课中同学们对我的评价以及给我的建议，我可以把这些评价和建议直接以聊天记录的形式保存下来，也可以截屏保存下来。在生活中，我也会收集各种资料，比如，我上医院的各种诊断报告、体检报告、汽车的保养记录，甚至我会把我的所有证件都收集到印象笔记里。这样当我需要的时候，就不需要再翻箱倒柜，直接搜索相应的内容和标签就能够快速找到。

收集的习惯，可以让印象笔记成为我们的第二大脑。

因为，我们大脑的记忆分两种，一是长时记忆，二是工作记忆。当我们在学习新知识时，这些知识会在大脑里进行临时存储，随着回顾次数的增加，才会转化为长时记忆。而工作记忆是有极限的，所以我们只需要把很多内容收集到印象笔记中，并不需要完全记住它们，只要我们能够记得有这份资料且存放在印象笔记中了就行，在需要的时候，直接搜索即可。通过这样的方式可为大脑减轻负担。因为，我们的大脑是用来思考的，像收集信息这种没有多大技术含量的事情，果断交给自己的第二大脑吧！

如何用印象笔记收集资料

在众多笔记软件中，可以说印象笔记的收集渠道是最多的。从现在起，请你告别使用收藏夹的方式来收集感兴趣的文章吧！你可以安装印象笔记的浏览器插件，安装好后，当你看到感兴趣的网页时，单击这个插件的按钮就可以把它保存到印象笔记中。最重要的是，你保存的不再是整个网页，而是这个页面的正文，印象笔记会自动识别，保证你保存的正是你所需要的。

第五章
管理学习成果

我们经常会在微信上看到一些不错的图文,很多人会把它放到微信的收藏里,但据我所知,对这些收藏的内容,很多人从来不看,也不清理,同时还得面临有些图文被删除后无法打开的风险。现在,就把微信里的图文保存到印象笔记中吧!你只需要关注微信公众账号"我的印象笔记",然后进行一个简单的账号绑定流程,在你的微信图文菜单中就会出现"保存到我的印象笔记"的提示按钮,单击后可以直接把图文保存到印象笔记中。这种收集方式不仅适合于微信图文,甚至文字和图片的聊天记录也能通过这样的方式收集到印象笔记中。同样,微博文章也可以通过关注"我的印象笔记"这个微博账号来实现。

这是印象笔记最常用的两个收集场景。除此之外,鉴于印象笔记的名气,很多App都可以直接把内容保存到印象笔记中,比如知乎、简书中的内容等,还有手机自带的相册也可以直接把照片发送到印象笔记,这一招在保存聊天记录时尤其管用。

很多时候我都会使用Kindle进行阅读,在阅读过程中,会有很多书摘,读完一本书后,我会通过一个名为KNotes的软件把书摘同步到印象笔记,就像图5-2看到的图片一样。

除此之外,你还可以通过印象笔记的 App 把纸质资料电子化,比如你记录的纸质笔记。打开手机上的印象笔记 App 进行拍照,它会自动识别纸张的边缘,并在拍摄过后进化适当处理,让拍的照片看起来就像扫描件一样。这个功能真是让人爱不释手!我的很多纸质笔记都是通过这样的方式保存在印象笔记中的。

图 5-2 保存到印象笔记中的 Kindle 书摘

第五章 管理学习成果

印象笔记还有一个用得很多的收集渠道，就是通过邮件的方式进行收集。每一位印象笔记的用户都会有一个独一无二的邮箱地址，当你给同事发送邮件时，一并抄送到这个地址，你的邮件内容就会自动保存在印象笔记中。比如经常有同学给我发邮件提问，如果问题比较典型，那我在回复邮件时就在抄送栏填上我的这个邮箱地址，结果回复的内容就会直接保存在我的印象笔记里。用好这些印象笔记的收集功能，就足以建立强大的学习成果收集体系。

在这些收集渠道的帮助下，除了图文资料，印象笔记还可以收集生活中方方面面的资料，比如证件、票据、体检报告等。通过印象笔记的收集功能，无论什么时间、地点，当我们需要这些资料时，绝对不会出现找不到的情况。

说到收集，我想这是很多人最大的爱好。当在网上看到"10GB的电子书免费啦""100GB办公视频资料免费下载啦"这些信息时，你是否会心动地把它保存下来？我得承认，几年前我也有这样的习惯，在那个年代我就有两个500GB的硬盘，里面全放着这些资料。但直到我的硬盘坏掉，这些我所谓的宝贝们也都没有被我爱惜过。

像这种收集资料的方式完全就是一种恶习——只要和自己相关的资料就不假思索地收集起来。很多人甚至会认为"我的电脑上有好几百 GB 的知识,还怕混不好吗?"

老铁,搞错啦,你这不是知识,只是资料和信息而已。曾经有一本很有名的书——《世界是平的》,它指出,互联网的发展让我们可以很容易得到任何信息,所以世界对每个人来说都是平的。这本书出版之后,有一位学者写了一篇文章,标题是《谁说世界是平的》,作者在文中表达了自己的观点——的确,所有的资料我们都可以通过互联网轻易得到,你甚至可以在网上找到盲肠炎手术的详细步骤和过程,但是,你敢让一位网民给你动手术吗!这位学者的核心观点在于,《世界是平的》一书的作者把知识和信息混为一谈了。通过网络获取到的只是信息,如果你没有吸收,就不应该把它称为知识。

知识可以分为显性知识和隐性知识,显性知识是指能够用语言、文字、肢体等方式表达清楚的知识,隐性知识则是虽然知道如何做,但却很难告诉别人或写明白、说明白的知识。

在我们的生活中,隐性知识以更高的比例存在,所以请改掉胡乱收集资料的毛病,只保留对你有用且你会

第五章
管理学习成果

去学习的资料。

也许你会说，刚才不是还在说要让收集成为一种习惯，通过收集来构造自己的第二大脑吗？怎么马上就变卦了，告诉我们不要胡乱收集呢？其实，正确的收集姿势就是疯狂收集和限制收集之间的一场博弈，你需要把对自己有用的信息收集起来，注意，只是对自己有用的信息，而那些可能你根本不会去学习的资料，只是信息垃圾，它不应该在你的收集范围以内。

收集的过程，同样是一个清理的过程。所以，我用了近10年的印象笔记，笔记条目加起来仍然只有2000多条，但在我的印象笔记回收站里却有接近20000条笔记。

这就涉及对笔记进行定期清理的习惯了。通常，我会每周对印象笔记进行一次清理，清理的时候，提炼出每一篇笔记里对我有用的内容，然后把原文删掉。比如，一篇几千字的文章，可能只有几百字对我是有用的，那我把这几百字摘录保存下来即可。而这几百字的内容可能又和另外一篇已经存在的笔记相关联，那么我的下一步操作就是把它们整合成一篇笔记，所以我的笔记反而越记越少。

我经常会写关于效率的文章，如果看到一篇对我可能有启发的文章，我会先将其保存到印象笔记中，而在我读完这篇笔记后，我可能发现这篇文章里有一个理念、一个素材很有用，没准以后写作时我可以借鉴，那我就把这个理念摘录下来，放到另外一篇专门记录相关理念的笔记里。同样，素材我也摘录下来，放到专门记录写作素材的笔记里。

所以，收集的过程也是一个不断断舍离的过程，如果收入了大量的内容却不加整理，那么再好的笔记管理方法都会成为你的负担。

如何使用印象笔记中的资料

很多人可能在看到一篇感兴趣的网页或图文的时候，马上就停下手里的事情把它读完。我建议你千万别频繁这样做，除非是对你非常重要的文章。因为这样的操作意味着你的时间会越来越碎片化。学习可不是利用碎片时间就能够完成的。那么，正确的做法是什么呢？

当你看到感兴趣的文章时，先利用我们刚才分享的各种渠道，把它们都保存在印象笔记中，然后利用等车、

第五章 管理学习成果

等人这些碎片时间打开你的印象笔记阅读它们。这个看似简单的技巧，可以让你更好地利用碎片时间，而不是让自己被时间碎片化了。

关于收集后的使用，还有一个屡试不爽的技巧，那就是搜索。我们收集各种资料的目的是什么？是为了使用。那么，最快速的使用方式是什么呢？就是直接搜索。印象笔记提供了非常强大的搜索功能，不仅能够搜索文字中的关键词，甚至连图片里的文字都能够搜索出来。所以，资料库的正确打开方式就是——看到它时，收集下来，大部分的资料我们只需要用空闲的时间看一下，有一些印象就行，然后在需要的时候直接搜索。

关于收集，最后提醒大家一点，你的收集工具可能不只是印象笔记，还有浏览器、知乎、微信和QQ的收藏夹等，但使用它们的目的很可能都是一样的，也就是保存一些图文或聊天记录。这时候就会面临一个问题：当你需要一份资料的时候，可能根本就不清楚它到底在哪儿，或者需要花很多时间才能把它找出来。

所以我建议，大家**一定要尽量缩减自己的收集渠道**，而刚才我们说的这些渠道其实都可以用印象笔记来代替。如果你在使用刚才所说的这些App时，习惯性地把其中的内容都保存到印象笔记中,当你需要它的时候,想都不用想就可以去印象笔记里找。

如何整理收集到的资料

在收集众多学习资料后,我们会面临另一个问题——面对越来越多的信息和资料,如何整理它们,才能最大效率地使用它们?在这里,我们就来谈谈基于印象笔记的知识整理。在资料库的使用过程中,我认为最重要的一条理念是——尽可能地少做管理工作。

你也许会说,如果少做管理工作,资料不就乱作一团了吗?是的,但在承认这个问题之前,我们先要明白另一个问题:保存这些信息和资料的目的是什么?仅仅是为了充实自己的资料库,还是为了使用它?当然是后者。既然是为了使用,那么我们的目标就应该是——需要的时候,能够快速找到它。只要满足了这个目标,当我需要一项资料的时候,我能在数秒内就把它揪出来,何必花大量的时间去做烦琐的整理工作呢?所以,我通常一到两周才会对我最主要的资料库——印象笔记做一次整理,而且每次整理都不全面,我只会阅读部分内容,

第五章 管理学习成果

没什么用的,删掉;有用的,打上标签,放到相应的笔记本中存档;需要复习和回顾的,打上"!review"状态标签,然后就完事。

相对于整理来说,阅读、学习这些资料,做好记录并进行归档,这些才是更重要的。

你可以给自己设定一个宽泛的时间,比如两周到一个月整理一次,在整理的时候,切忌追求完美。比如,我在刚使用印象笔记的时候,觉得标签太好用了,每一个笔记我都会打上很多标签。结果,假如有一个标签是我后来才加上的,那么我就会觉得之前的很多笔记肯定也可以打上这个标签,所以我又花很多时间,去把这些笔记找出来,再为它们打上这个新的标签。这样的管理方法,很多人都可以对号入座。在这里我特别提醒大家,千万别在笔记管理这件事情上陷得太深,尤其是标签,你甚至都不应该花时间去看你有哪些标签。

我们应该关注的笔记管理范畴,应该是如何让自己的笔记更加规范。但是,忽略管理的前提一定是要做好每条笔记的记录工作。比如,为笔记起个相符的标题,建立标题的规范,以及为笔记打上合适的标签,并写上简单的描述。做好了这些工作,那么快速找到自己需要的笔记和信息就绝对不是一个难题。所以，最佳的资料库使用理念就是管理好你的每一份资料，使用的时候，直接搜索，而尽量忽略软件中的整体管理。

知识整理的前提是，你不能花费超过学习和回顾这些笔记的时间来整理你所保存的知识，因为如果那样，那你收集这些资料的目的是为了使用它，还是纯粹为了靠整理它们来打发时间？这绝对不是一个玩笑，我见过很多人，也包括多年前的自己，收集了很多信息和资料，结果根本不怎么看，却每隔两三天就要整理一次。切记，资料库的作用，是为了学习、回顾和使用，没有任何其他目的的重要性能够超过这三点。

资料库整理应该达到的最佳程度就是，稍微有一些凌乱，但在 90% 的时间里，你需要找到一条具体资料时，能够在 10 秒内找到它。

要做到这个程度，在整理这件事情上，我们可以通过以下两个目标来实现：**一是大部分资料都应该进行处理，比如拟一个标题、打上标签；二是大部分的资料都应该归属到适合的分类。**

要实现这两个目标，我们可以从两个维度来对资料库进行整理，我称之为——横向整理和纵向整理。

第五章
管理学习成果

横向整理就是对所有范围内的笔记进行整理,让每一份资料都有自己的归属。比如,你应该把印象笔记中的每一条工作笔记都放到相关的笔记本或笔记本组中。学习类和生活类的笔记也应如此。纵向整理是针对一份资料或笔记的精细化整理。通常,在对一条笔记进行纵向整理的时候,我们需要先去阅读和学习它,并且在这条笔记中记录下自己的感悟和问题,如果有必要,还可以提炼出这条笔记中的一些素材。

我提倡大家把更多的时间和精力花费在对每份资料的纵向整理上,而横向整理花的时间越少越好。因为,纵向整理的过程也是消化和吸收的过程。但我发现,超过80%的人把更多的时间花费在了横向整理上,导致其把资料库当作靠整理来打发时间的消遣道具。横向整理的目标是能够一劳永逸,能够通过一次性的工作建立一个资料库的存储结构,只要这个结构建立好了,那么以后在整理的时候,直接把每一份资料放到属于它的分类当中就行了。比如,在印象笔记中,我们应该一开始就设想出自己可能会用到的笔记分类方式,然后把它建立好,有相关的笔记就直接往里放。同样,如果我们把文件系统作为自己的资料库,也是如此。

因此，横向整理工作的最大难点在于，你需要花一些时间去规划你的资料库存储结构。这个结构，最好能够覆盖未来一段时间里你的使用需求，即使以后需求有变动，也只需要在现有的结构上修修补补就行，而不是从头再来，动一次大手术。

关于知识库横向整理的理念，浓缩成一句话就是，针对自己的使用需求，建立一个一劳永逸的存储结构。

那么，这个结构应该如何来建立呢？在这里，我与大家分享一些我建立的结构。

我们首先要建立自己所专注领域的结构。什么是专注领域？在《高效能人士的七个习惯》中，作者提出了影响圈和关注圈的概念。在我们的一生中，每个人都有一个和自己的能力相关的小圈子，在这个圈子里，你做的事能够对自己或周围产生作用，这是影响圈。

比如，我建立了Pomonote这个公众号，并通过分享番茄工作法、学习方法、笔记术和阅读心得等影响了一些人，随着我的长期坚持，这个影响圈越来越大，这就是在影响圈内做事的力量。影响圈之外还有一个更大的圈子，就是你的关注圈，它可能是你的兴趣所在。比如，有人整天捧着手机玩游戏、看短视频、打赏主播，也有

第五章
管理学习成果

人整天抱怨房价太高或关注一些社会事件。属于影响圈内的事，是你能够直接或间接控制的，你可以改变它。而关注圈内的事情，是你根本无法控制的，你只能被动地接受。

在资料的存储结构中，我们要建立的第一个结构，就是类似于影响圈的内容，只是在知识管理领域，我把它换了个说法，称为专注领域。比如，对我来说，我上班的时候，是运营总监，那么我的专注领域就是与运营相关的技能、行业信息，所以我建立了一个笔记本组来保存这类信息。现在我是一名自由职业者，我所从事的事情更多的是个人成长类的，所以现在个人成长类的相关信息才是我的专注领域，对我来说，这是最重要的知识笔记本组。在这个笔记本组里，我需要对这个领域的知识进行细分，然后建立多个笔记本。这是笔记结构的第一个重要划分——自己的专注领域。虽然我们不能影响关注圈，但这毕竟是我们的兴趣所在，所以我们可以选择一些可能有价值的内容把它们保存起来。

你的关注领域可能会是很多个，所以，针对这个领域，你可能需要多个笔记本组。比如，我建立了一个"百科信息"的笔记本组，再在里面建立时事、百科知识、宝宝教育等笔记本，把我关注的相关内容放到里面。我们还需要有一个存放个人信息的笔记本组，在我的这个笔记本组里，有很多笔记本，比如个人证件、说明书、健康诊断报告等。你还可以根据自己的需要在这个结构中记录自己的日记、反思记录等。

还有一个非常重要的记录领域，就是你的学习记录。人生就是一个不断学习的过程，如果你能够把你学习的过程都记录下来，一天两天可能看不到什么好处，但一年两年下来，你和身边人之间的差距就会拉得非常大。对我来说，我会在里面记录我的读书笔记、周记和一些思考等。

纵向整理是整理的重点所在。我们知道使用资料库的一个重要理念是"尽量忽略管理"，并提到了一定要注意单条笔记的记录工作。这就要求我们在整理笔记之前，需要先去阅读和学习这条笔记，而在阅读和学习之后，还需要我们对这条笔记做一些处理。其实，这种针对单条笔记的记录和处理就是纵向整理。现在，我们来明确一下，在纵向整理的时候，需要做哪些具体的事情？

纵向整理的第一步，是略读你所有未经整理的笔记。

这个时候，你的笔记可能会非常多，如果精读每一

第五章
管理学习成果

篇笔记，就会非常耗费时间，因此这时最好略读，快速读完你所有未经整理的笔记。在略读的过程中，每读完一条笔记，你都需要决定这条笔记的归属。通常，一条笔记可能会有三种归属：一是当时觉得有用，但现在再看已经没什么用途了，这类笔记可以直接删掉；二是这条笔记很重要，它的内容不是略读就能够搞定的，那么就为它打上"!review"标签，也就是前面我们所说的状态标签——当然，你也可以自己来设计属于自己的标签——用于提醒你，这条笔记是需要你再次阅读的。三是在略读的过程中，你就已经明白了这条笔记中的内容，它是一条特定的信息或素材，你现在无须认真学习它，只需要直接把它放到相应的笔记本中进行归档，让自己在需要的时候能够快速找到它就行。

纵向整理的简单流程用一句说来总结就是，先略读每一条未经整理的笔记，在整理的过程中决定它是应该删除，还是应该打上标签进行复习，在复习的时候再做最终的处理，你也可以直接把它进行存档。删除很好理解，那么，后面的两种归属，我们接下来又应该如何处理呢？在读完一条笔记时，我们应该整理哪些内容呢？

首先要整理标题。没错，通过我们之前分享的渠道收集起来的笔记，很可能已经自带标题了，但它未必适合你，所以你得把标题改得更符合你的使用习惯。在标题修改上，如果是你自己原创的内容，尤其是项目类的，你得有自己的命名规范。比如，我的命名规范通常是"日期+项目名笔记标题名"，比如"20180320+学习系列课程／课时7逐字稿"。

其次要打标签。你得为自己整理过的每一条笔记打上标签，打哪些标签呢？笔记有哪些属性，就打上哪些标签。比如，对我的一篇逐字稿，我可以给它打上笔记术、课程、文案、素材这几个标签。如果这篇逐字稿是讲整理的，那我还可以给它打上整理的标签。

针对单条笔记，整理标题和打标签是最简单的整理步骤，而且是必需的。大部分笔记被第一次阅读后，经过这两个步骤，基本就能直接把它们放到对应的文件夹中进行归档了。但是对于一些高质量的笔记，比如打上了"!review"标签的、需要回顾的笔记，是需要你认真阅读和学习的，不能用这两个步骤就完事儿了，你还应该对它做一些提炼和归纳总结的工作。我把针对这些笔记的二次处理叫作精细化整理。在精细化整理的时候，我们需要做一些什么工作呢？

第五章

管理学习成果

精细化整理的前提是认真阅读和学习这条笔记。现在我们来看，在阅读的过程中可能会发生什么事情？当读到某一段时，你可能会觉得这一段很重要，应该标注出来。在印象笔记中就有一个标注工具，用它可以对文字加上黄色的底色，它意味着这一段很重要。当读完这条笔记后，你可能会有一些自己的想法和问题，那么在这条笔记的顶部，就可以写下你的想法和问题，然后用分隔符将它和内容区分开来。

还有稍微复杂一点的精细化整理，比如，我经常遇到在一条笔记中发现一个故事，并认为这个故事可能在我以后的写作过程中会用上，那么我就把这个故事摘录下来，把它放到专门记录这些故事的笔记中，或者建立一个笔记本专门存放这些故事，然后把原来的那条笔记删掉。

如果我把所有的故事都放在一条笔记中，大段的文字可能不便于在这条笔记内查找，建立一个专门存储故事的笔记本的好处就在于，可以把每一个故事都存成一条独立的笔记，这样后期使用的时候会比较方便。所以采用哪种方式，主要看自己的使用需求，以及你这一类素材的笔记数目。

以上是笔记整理的两个维度——针对所有笔记分类的横向整理，以及针对单条笔记的纵向整理。再次重申，强烈建议大家把整理的重心放在纵向整理上。频繁横向整理的后果就是，你整理笔记的强迫症会越来越严重，到最后你的笔记结构可能非常合理，但你阅读和学习过的笔记却屈指可数，这就和我们管理笔记的目的背道而驰了。结合这个笔记整理的维度，应该如何来实践呢？

你可以给自己约定一个时间，比如每两周进行一次整理，如果你的笔记增量很大，可以一周整理一次。在整理的时候，先把需要整理的每一条笔记进行纵向整理，整理一条，就放到它归属的笔记本中，这样清空你印象笔记中的收集箱。注意，这里所说的收集箱很可能是多个笔记本，比如，你创建笔记时，会有一个默认的笔记本，我的默认笔记本就是收集箱，另外，在微信上使用"我的印象笔记"公众号保存起来的笔记都会保存在"微信"笔记本中。所以，别忘了清空印象笔记中所有的收集箱笔记本。

同时，在整理过程中，切忌追求完美！你没有必要非得为每一条笔记都找到一个归属，放一些笔记在印象

第五章
管理学习成果

笔记中不整理,其实并没有什么大碍,因为我们整理笔记的最主要目的是使用。

会收集、善整理不代表会输出

在学习过程中,仅仅学习和吸收是远远不够的,因为学习的最终目的是能够把所学到的知识运用起来。在学完一项知识后,随着实践次数的不断增加,我们就会对这项技能了然于胸,从而能够熟练地运用它。然而很多时候,虽然我们能够熟练运用某些知识,但对其中的原理却不一定会记得。

其实,学习就是从信息到知识,再到行动,最终升华到经验的一个过程。你收集资料而没有学习它,它此时只是没有任何用途的信息而已;你学习并理解了它,它就会转化成为你的知识;你觉得这些知识很有用,准备把它付诸实践,而你也确实这样做了,这些知识最终会改变你的某些行为,最终这些行为化为意识,就成为你经验的一部分了。

在这里,我在学习方法和知识管理的基础上,谈谈如何提升这两者的效率。其中的关键在于——学习之后,你是否会输出。什么是输出?要解释这个词,我们先谈谈什么是输入。不难理解,我们前面所分享的收集资料和学习整理其实都是输入。通过学习,我们把信息装进脑子里进行理解和记忆,这是输入的过程。输入脑子的信息,我们可以通过回想这一简单有用的技巧来让知识组块化。那么输出呢?其实,我们在学习一项知识之后把它运用起来就是输出,而且运用就是最终的输出手段,因为这些知识已经被用于改变我们的行为了。

输出介于学习和运用之间,也就是在学习之后、运用之前的一个范围。我们要通过合理有效的输出方式来大大增加对知识本身的理解和记忆。

那么,我们为什么需要输出?

当你运用上文分享的阅读方法读完一本书后,你会理解这本书的整体脉络及书里的每一个知识点,但这并不代表你完全吸收了它。大部分人使用的阅读方法,通常能够学习到书里大概 20% 的知识点。而在运用我所分享的大纲笔记法后,理解程度能够提升到 60%

第五章
管理学习成果

甚至更多。我之所以推崇大纲笔记法，原因也在于此。我认为，在任何一本干货书籍中，知识点都是以框架结构呈现的，我们所能直接感知到的框架，就是书的目录。在读一本书之前，我们需要先通过目录来了解这本书的整体脉络，而在具体读书的时候，我们又会发现每个章节中会有很多并列或交叉的知识点。如果在阅读的过程中我们没有用大纲的形式把它们列出来，我们所领悟到的知识就只是单个的知识点。而有了大纲，我们才会看到整本书的全貌。在阅读的过程中，通过大纲笔记术来增加自己对一本书的理解程度，本质上是学习中的一个输入过程。

我们在学习之后再做输出，可以达到以下几个目的。

第一，加深对知识的理解。当我们学完一个知识之后，我们对知识本身的理解还停留在学习层面，输出可以帮助我们加深对知识的理解。

第二，加深对知识的记忆。这一点我相信我是最有发言权的。2018年，我发起了一年精读30本书的个人提升阅读分享，在这一年的时间里，我每读完一本书，都会以微课的形式为大家分享书里的精华。每一本书，我都会略读一遍，精读一遍，然后整理成大纲，再写成接近万字的稿件。这本质上就是一种输出，经过这样输出过的书籍，我想忘都忘不了。

第三，对知识本身进行拓展。我们从读书时代开始就经常听到家长和老师说：学习一定要举一反三。其实，他们告诉我们的只是学习的一个目标，却没有告诉我们达到这个目标的具体方法。而刻意对知识进行输出，就是一个很好的方法，因为在输出的过程中，我们会无意识地对知识进行串联和拓展。

常见的输出方式有回顾输出、写作输出、口头输出及演讲输出四种方式。这几种输出方式的优势是逐一提升的。也就是说，演讲输出的效果大于口头输出，口头输出的效果大于写作输出，以此类推。

回顾输出更多只是为了满足自己的学习要求，对学习者来说，压力较小。越往更高级输出走，学习者越会感觉到来自自身和外界的各种压力。比如，你这段时间针对"如何阅读一本书"这一话题做了深入的研究，在下一周，你将在一次线下活动中分享你的学习心得，这是一次面对数十人的线下活动，无论你是新手还是老司机，都会有一些压力，而这些压力，就会在无形中督促你把这次分享活动准备得更加充分。你可能会用上我们

第五章
管理学习成果

分享过的所有学习方法，然后再把学到的内容打散，以自己的理解形成框架，最后再为这个框架填充内容，直到让自己满意为止。在这个准备过程中，对你自己来说发生了什么？来自外界的压力逼着你去做了一整套成体系的准备工作，你对阅读这个领域做了深入的研究，整合并提炼出了跨越多种渠道学习到的信息，最终形成了自己的阅读方法论。这是你迫于线下分享的压力，针对阅读这个话题所做的充分的准备，最终的目的，是你与参加活动的人分享你的学习心得。这种最为隆重的方式，才是最好的输出方式。在阅读分享课程中，我读完一本书，提炼出精华内容，加上自己的理解整合为新的知识点，然后为大家分享。你们觉得在这个过程中，谁的收获最大？当然是我。因为对这其中的每一本书，我都运用了最高级的输出手段来帮助并强迫自己总结和归纳。

因此，关于输出的目的，我们还得加上一点：为了加深并拓展对知识的理解程度。我们在前面的章节分享了T字型知识结构，在这里，我们正好可以用概念来解释加深和拓展——所谓加深，就是不断探寻所学知识点的深度，对知识我们不能浅尝辄止；而拓展，则是开拓知识的宽度，也就是说，我们能够通过这项知识，找到相关的知识，并把它们关联起来。

接下来，我们说说具体的输出方式。

回顾输出

顾名思义，回顾输出就是对知识本身进行回忆并加深理解。 如何回顾？在什么时间进行回顾？对于这两个问题，可以参考前面所讲的艾宾浩斯遗忘曲线。那么，我们应该回顾哪些内容呢？**除了回顾知识本身，我们还应该进行三种拓展，分别是纵向拓展、横向拓展和运用拓展。**

纵向拓展是针对知识的背景进行探索，比如，这个知识的来源是什么，以及这个理论是如何被证实的。我们曾分享过一本书——《习惯的力量》，这本书提出了习惯是由大脑中一个非记忆系统的古老器官——基底核来保存和执行的。在读完这本书之后，我知道了这个理论，但这远远不够，我需要对这一理论的背景进行回顾——它是如何被证明的呢？然后我就知道了一位叫尤金保利的老人的故事——这位老人患了脑膜炎，丧失了记忆，他不记得自己家里的布局，不能画出家里房间的布局图，

第五章 管理学习成果

但是他却能够径直走到厨房，打开冰箱，拿出自己喜欢的食物。这个回顾过程就是对知识进行纵向拓展。

横向拓展则是对和这项知识相关的知识点进行对比和探究，比如，与此相似的知识点有哪些，它们的相同点在哪儿，不同点在哪儿。在《习惯的力量》这本书中，提到了记忆系统和基底核，我会联想到在其他读到的书中曾有类似的理论，比如在《学习之道》这本书中，提到了大脑的左右半球，而在《自控力》这本书中，提到了控制人类行为的主要器官——位于额头后面的前额皮质。综合这些对人脑进行剖析的分散理论，我甚至能够画出人类大脑的简单构造图，标出每一块儿分别负责人类的什么行为。这是横向拓展。

运用拓展就是从自身出发，把知识关联起来，去思考这项知识自己以后能够如何运用，之前所用的那些方法有哪些优劣，等等。我们学习知识，最终目的就是为了把它们运用起来。同样是《习惯的力量》这本书，读完之后，对我影响最大的是两个观点：一是习惯是不能被消除的，它只能被替代；二是我们不可能一次性改变一系列的习惯，而应该把注意力集中在关键习惯上，在这个关键习惯的培养过程中，其他的习惯也会随之得到改善。知道了这两个观点,我就知道以前靠意志力来改变习惯的方式是完全错误的,也总结出了新的习惯培养计划。这是知识的运用拓展。

以上是回顾输出的三种拓展方式。回顾输出更多是在大脑里进行的,它是一个思考的步骤,但是我们得有一个意识——我们所思考的这些内容都应该写下来,毕竟,最重要的就是思考的结果,如果这些结果因为没有保存而被遗忘,那就太可惜了。在回顾输出之后,我们可以用写作输出的方式来给自己一些压力,促使自己更好地完成输出和回顾工作。

写作输出

近两年,随着内容和知识付费的日益流行,越来越多的人出于各种目的开始学习写作,这里我们要说的是以输出为目的的写作。学完一个知识点,如果你能够把刚才的回顾拓展过程以文字的形式写下来,这会是一个非常好的方法。我自己就有这样的习惯,我是从大学期间就开始写博客的,这几年,在学习、工作、生活中有一些想法或总结时,我都喜欢在回顾总结之后把它写下

第五章
管理学习成果

来。注意，是在回顾总结之后把它写下来，这是两个步骤，回顾总结的时候，我用纸质笔记本来记录，而写下来是在总结回顾完成之后，用电脑码字把它们记录下来。我写的内容大部分没有发布出来，少数的文章会发到各种网站。写作输出是我推荐给大家使用的性价比最高的输出方式。为什么呢？

首先，写作不需要任何成本和代价，有时间你就可以写，而且相比后面我们要分享的两种方式，写作非常节省时间，我的最好成绩是一小时写了一篇近 3000 字的稿件。其次，在写作过程中，你会有层出不穷的新点子。因为在这个过程中，你的思路需要非常清晰，你要不断地思考这些知识点应该怎么来写，写着写着，你会发现，这个知识可以和之前的某某技巧关联起来，这些都是了不起的发现，千万别忘了把它们记在本子上。最后，坚持写作输出并刻意练习，你会一不小心就打造出一个不错的个人品牌，我自己就是这样过来的。但是，对当初的我来说，写作只是一项兴趣，我完全没有想到会有今天的结果，这对我来说，只是一个专注于兴趣和爱好的附属品。

那么，写作的刻意练习是什么意思呢？我个人的看法是，写作需要学，但远没我们想的那么困难，它是可以训练的。提到写作的练习我想到一个人——富兰克林。他的身份可多了，他是美国历史上著名的政治家、物理学家、外交家及发明家，除此之外，他还是一位出版商和作家。他在年轻的时候办了一家报社，但是当时没那么多人投稿，所以他就想，没人投稿我就自己来吧，从那时开始，他就针对写作进行刻意练习。富兰克林是如何针对写作进行刻意练习的呢？他把喜欢的文章找出来，看上几遍，了解主要内容之后，自己也写一篇，然后把两者进行对比，总结出其中的优劣，不断改进。

口头输出

我有一个习惯，当读完一本感兴趣的书后，我会不断制造机会与身边的人分享，比如，我去年读了历史，我有事儿没事儿就跟我媳妇儿聊历史，她对这些没什么兴趣，但却不影响我与她分享的兴趣。最近，我又在读一本关于汽车原理的科普书籍，每读一部分，我就拉着她显摆一下，真是不亦乐乎。像这样的方式，就是口头输出，以口头的形式将你所学到的知识告诉其他人。说

第 五 章
管理学习成果

得文艺一点，我们可以叫它费曼学习法。**费曼学习法就是把一个知识点以口头形式告诉给一个不了解该知识的人，如果能够让他理解了，那么你对这项知识就真的了解了。**

口头输出的方式其实非常好运用，你可以像我一样，无论对方是否感兴趣，都厚着脸皮给他讲一遍！另外，对我来说，口头输出还有一个好处，就是训练了我的即兴发挥能力。我经常开办微课，其实有一部分微课内容不是源于我的逐字稿，开始的时候我就列一个非常详细的大纲，然后对照这个大纲再临时组织语言。事实证明，这样的方式效果还不错。这种能力就是通过不断对照大纲进行口头叙述练习出来的，而且在讲的过程中，我也会发现很多新的知识点。

演讲输出

最高级别的输出方式，是通过演讲进行输出，这里说的演讲，是正式的演讲，可能是线下的，也可能是线上的，比如，现在流行的微课形式。演讲输出的最大好处在于，你知道你有很多听众，所以对这次分享绝对不会马虎了事,你会提前很久做准备,把演讲的框架和内容准备得相当详细。这个准备的过程,就是你回顾和总结的过程。比如,我要给大家上一堂大课,我得花至少两天来集中做准备,我会先针对要分享的内容列一个初步的框架,再逐步细化,然后用半天时间来码字。

我建议大家不妨都尝试训练一下自己的演讲输出能力。其实这样的机会很多,而且可以自己创造。比如,我在上班的时候,每周会思考1~2个问题,然后给部门同事开会分享。即使不是部门的管理者,你也可以告诉你的领导你想与大家分享××主题。我相信任何领导都不会拒绝这样的热血青年!而且,现在移动互联网如此发达,你也可以发起一堂微课。

以上是输出的四种方式,这四种方式对于吸收和拓展知识的程度是逐步递增的,你可以从最简单的输出开始尝试。一定要记得把你的思考过程写下来,如果是写成文章,还可以按照我们前文中的资料库管理方式管理起来。

第五章
管理学习成果

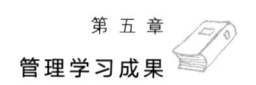

输出的技巧有哪些

知道了输出的几种方式，接下来，我再为大家介绍一些输出的技巧。

找一款舒适的输出工具

你可以找一款舒适的输出工具，我写作大都使用Bear（一款跨苹果设备的笔记应用）来完成，这款应用给人以赏心悦目之感。当然，作为Mac系统里才有的写作工具，它难以满足使用Windows系统的操作者，不过在Windows系统里也有很多非常棒的笔记应用，比如石墨文档或Typora（一款免费的跨平台Markdown编辑工具）。

把背包扔过墙

很多人都有把分享作为输出的想法，却因为各种借口而没有成功。为了避免这种状况，我告诉大家一个方法，就是"把背包扔过墙"。什么意思？假如你面前有一堵很高的墙，你还没有尝试就感觉自己爬不过去，因此迟迟不能行动。若你把自己的背包先扔过去，为了拿回背包，你也会想尽一切可能的方法爬过去。这是一种强迫自己开始行动的手段。我有一段时间犯拖延症，没有更新公众号。为了让自己行动起来，我的做法是，第一天先在公众号上发一段语音，告诉粉丝们我第二天要发一篇关于什么主题的文章。为了信守承诺，为了不让粉丝们失望，第二天我不得不写一篇相关的文章。如果你也患有拖延症，不妨尝试一下这样的方法。

以项目为目标的学习

当你准备开始学习一项技能之前，在你的学习计划中可以列出一个项目，这个项目以输出为目的。比如，你要学网页设计，那么这个项目的目的就是要通过三个月的学习，制作一个小型的个人网站。按照完成这个项目的目的去学习，有一个最终的目标在驱动自己，相对来说就不太容易放弃。如果没有这个具体的目标，你的学习很可能就会无疾而终。这个目标就是你学习的向导，

第五章
管理学习成果

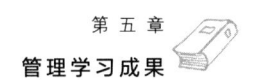

要完成这个项目,你所遇到的问题也会非常明确,从而让你能够针对问题进行有目的的学习。

第三部分

学 习 的 技 巧

在了解了学习的基础方法之后,我们再来了解一些能够让学习事半功倍的技巧,这些技巧包括如何复盘、如何运用生物学原理提升学习效率、如何进行时间管理,以及如何使用必要的学习工具。

第六章

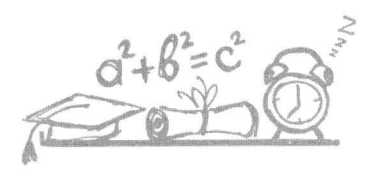

复　盘

作为一名个人成长提升类的经验分享者，我非常理解一些粉丝在学习中遇到的问题：知识关联性差，不能做到举一反三；记忆力差，学完后两三天就忘得一干二净；实践性差，学是学了，却完全不能把学到的知识运用起来……其实，这并不是生理方面的能力问题（比如记忆力），而是学习方法的问题。那么，学习之后，应该如何进行刻意的操作和复习呢？答案是复盘。

第六章 复盘

什么是复盘

复盘是一个围棋术语，指的是在下完一盘棋之后，复演一遍，看看哪里下得好，哪里下得不好，以分析优劣和得失关键。用到学习这件事上，复盘就是刻意对自己所学到的知识进行总结和梳理，看看自己哪些地方理解了，哪些地方没有理解，哪些知识能够快速地运用起来，知道这些知识和自己过往的认知有何关联或差异，自己在这个领域中的知识空缺有哪些，等等。

这让我联想到了我曾分享过的一本畅销书——《刻意练习》，书中指出：**不断重复只是天真的练习，不能带来任何改进，所谓刻意练习，是指在练习过程中，不断进行总结，并在总结中给予自己正面和负面的反馈，最终，**

根据这些反馈，在今后的练习中来进行调整。本质上看，复盘其实就是一个 PDCA 循环，PDCA 即质量管理四阶段：计划（plan）、执行（do）、检查（check）、处理（action）。而复盘，其实就是对所学的新知识进行刻意练习。

那么，复盘这件事，威力有多大呢？

大部分人在学习一项新知识时吸收到的只是单一的知识点，而如果在学习后能对这些知识点进行复盘，那么你就能够把这些所学到的新知识串联起来，让它们连接成一条知识线。如果你还能更进一步，把这些新知识和过往的知识关联并运用起来，那么这些知识将形成一张知识网。这才是复盘追求的最高目标。

复盘的步骤

我的复盘方式通常有三个步骤，我把它称为**陈列式复盘、框架式复盘**和**拓展式复盘**。

第六章
复 盘

陈列式复盘

陈列式复盘是指在完成学习任务之后，有意识地进行回想，回想书中所有的知识点，想到一点，列出一点。比如，在学习完一堂微课后，你可以在方格本上列出你能够回忆起来的所有知识点，以关键词的形式把它们一一记录下来。

框架式复盘

任何一项好的学习资料，一定是有框架结构的，而且这个结构应该是立体的，否则就是东拼西凑的一盘散沙。比如，书籍里的目录就是最基础的框架结构，部分中包含多章，章中包含多个小节，小节中又包含众多知识点。对于一本平面的纸质图书，我们可以通过框架式复盘，复原它的立体结构。这就需要我们把陈列复盘完成的结果，按照某一种逻辑结构进行重组，最终把这些知识点重组成一个层级框架。这时的层级框架不同于在阅读过程中记录的框架大纲——框架大纲是在阅读过程中按照书籍的逻辑记录下来的，而复盘时所形成的框架，则是按照自己的理解来完成的,因为在回顾的时候,你会有很多新的想法和关联知识产生。**单单靠普通的阅读方法,无论对阅读的基本技巧掌握得多么炉火纯青,也无法重现这个立体化的结构,因此我们必须进行有意识的复盘。**

拓展式复盘

以上两个步骤,都是针对现有的知识点本身进行的。也就是说,完成以上两个步骤,只对所学到的知识起到了回顾和加深记忆的作用。要达到运用和举一反三的目标,你还需要进行拓展式复盘。针对所学到的知识,拓展式复盘的过程可以参照下面三个维度来进行:

第一个维度,知识本身,即知识的深度。你可以尝试问自己这几个问题:

你所学的这项知识或技能的原理、案例分别是怎样的?

它们的来源是什么?是如何被证实的?

你自身的经验中有没有哪些经验和这项知识相

第六章
复 盘

关联？

第二个维度，知识拓展，即知识的宽度。你可以尝试问自己这几个问题：

和这项知识类似的还有哪些？
它们之间是如何关联起来的？
有哪些相同和不同之处？

第三个维度，学习能力本身，即超越具体所学知识，站在学习效率层面进行深度思考。你可以尝试问自己这几个问题：

在学习这个领域的过程中，你的学习能力怎么样？
学习过程中存在哪些问题？应该如何解决？
所学的这个领域可以帮助你获得什么？

什么时候需要复盘

所有成体系的知识，都需要复盘。

什么是成体系的知识？如果我们在微信上阅读了一篇图文，只有其中某一些知识点有用，那它们很可能只是一些碎片知识，往往不需要复盘。如果我们阅读了一本干货类书籍、听完了一堂有深度的微课，对这些成体系、逻辑性极强的知识，我们就必须进行复盘了。

这里还有一个问题——学习完之后，什么时候进行复盘？复盘的目的，是加深对知识的理解和拓展，因此复盘的时机很关键。毕竟，我们得考虑记忆的因素，如果你全都忘了再来复盘，那就得不偿失了。通常，我会选择在学习完之后三天内进行复盘。具体时间可以参考艾宾浩斯遗忘曲线。

没有复盘的学习，都是在做无用功。

第七章

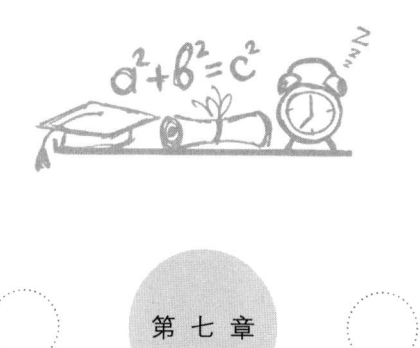

学习中的生物学原理

在畅销书《穷查理宝典》中，查理·芒格提倡要学习所有学科中真正重要的理论，并在此基础上形成"普世智慧"，然后用它去研究商业社会和投资领域的各种问题，这便是"多元思维模型"。

简单来说，就是你想要解决的问题，表面上看起来可能是某个领域的问题，但真正的解决方案却来自另一个领域的知识。因此，我们换一种思维方式，从生物学的角度来理解学习技巧，这将能够增强我们对学习这件事的认知。

第七章
学习中的生物学原理

专注力

在学习过程中,我们需要专注力,这是毋庸置疑的事实。如今,我们身处移动互联网技术高速发展的时代,五花八门的信息让我们的专注力面临着前所未有的挑战。比如,大部分人每天打开微信的次数超过百次之多,被各种碎片化信息消耗掉大量时间。

当然,在这些碎片化信息里,也有一些能够提升自己的技巧性内容。但从整体上来看,这样的学习方式只是碎片化的学习,它可以帮助你掌握一些技巧,却不能帮助你系统地学习某一领域的知识。要做到系统化地学习某一领域的知识,长时间保持专注力是前提。

在放松时受到一些消遣类信息的干扰还不足为惧,可怕的是,这种碎片化的学习方式已经渗透到很多人的学习工作中。互联网的发展为我们的工作和生活提供了极大的便利，比如，我们可以通过手机随时查收邮件，通过微信来安排和汇报工作，通过视频与天南地北的同事进行会议沟通。虽然这样的工作方式是大势所趋，但它依然不能替代专注的力量，任何伟大的成就和突破，都是在高度专注的条件下，深入工作和学习来完成的。

畅销书《异类》提到了一个神经学原理，我们可以用来理解专注的力量。

专注力与大脑中的髓磷脂相关，髓磷脂是在神经元周围生长的一层脂肪组织，具有绝缘保护的作用，它可保持神经元干净和正常运转。如果相关神经元周围汇集了更多的髓磷脂，你的大脑回路就能更轻松有效地运转，你在某方面的技能就会更强。一个人想要在某方面有了不起的成就，他的大脑就需要有更多髓磷脂的协助。

长时间专注于一件事，就会迫使某一特定大脑回路在隔离的区域不断地工作。反复利用同一大脑回路，就能促使少突胶质细胞在这个回路的神经元周围包裹髓磷脂，从而有效地固化这种技能。因此，要想高度专注于当前的任务，避免干扰非常重要，因为这是充分隔离相关神经回路、促进髓磷脂鞘形成的唯一途径。与之相对，如果你尝试在注意力涣散的情况下学习一种复杂的新技

第七章
学习中的生物学原理

能，就会有太多的回路同时进行，你真正希望强化的神经元群只能得到偶尔的隔离。

所以，专注是我们必须进入的一种学习状态，如果长期处于碎片学习的状态之下，你会上瘾，当你想再次专注的时候，就不是那么容易的事了。

如果你的专注力现在已经受到影响，可以通过一些技巧来训练自己的专注力。

设定专注时间段。在专注时间段内，拒绝使用任何电子设备，专注时段最好设置在早上，你可以利用这段时间来学习最重要的内容，或者对重要的任务进行规划和思考。

在专注时段以外的时间，训练自己脱离电子设备的能力。限定自己使用电子设备的时间段，而不是限定自己不能使用电子设备的时间段。这两者的差异在于，前者是在要求自己长时间有意识地保持专注的前提下，插入几个可以分心使用电子设备的时间段，后者则是要求自己在长时间分心的状态下，插入一些微不足道的专注时间段。

自控力

在互联网时代，减少使用电子设备的频率，专注力便是你能得到的奖赏和战利品，而自控力则是你获得专注力的加速器——更强的自控力，能帮助你控制减少使用电子设备的频率。

自控力是指控制自己注意力、情绪和欲望的能力，归根结底，自控力的核心在于控制三种力量，这三种力量分别是，我要做、我不要和我想要。

在我们的身体结构中，这三种力量是如何被控制的呢？

在我们的大脑中，额头和眼睛后面有一块神经区域，称为前额皮质，人和动物都有这个区域，它的主要作用在于控制身体的运动。但随着人类的进化，相比动物，我们的前额皮质区域更大，并有了一个更加高级的功能，即能够控制思维。

人类的前额皮质被分成了三个区域，分别用于控制前面所说的三种力量：左边的区域控制了"我要做"的力量，右边的区域控制了"我不要"的力量，中间靠下

第七章 学习中的生物学原理

的区域则控制了"我想要"的力量。

如果把自控力说得通俗一点,那就是每当我们做决定的时候,心里都有两个自己:一个是理智的自己,一个是冲动的自己。

冲动的自己做事源于本能,重视及时行乐。对很多人来说,大多数时候,冲动的自己总是会获胜。而理智的自己,则更加重视长远利益,能够对抗和利用本能。比如,想减肥的我,在面临美食诱惑的时候,理智的自己会告诉我:"不行,你不能吃,你要减肥!"然而冲动的自己会告诉我:"吃吧吃吧,来一块蛋糕多爽啊!"

在《自控力》这本书中,有两个训练自控力的方法我至今仍然在使用:**一是冥想,二是专注一个习惯。**

我知道很多人都想学习冥想,其实,冥想没我们想的那么复杂。设定一个倒计时,然后静坐下来,把注意力集中在自己的呼吸或某一个会随呼吸而运动的身体部位(比如腹部、背部等),然后坚持下去。在这个过程中,如果分心了怎么办?这个太正常了,冥想的本质,就是在分心和专注之间不断调节的过程,并以此来训练自己的专注力和自控力。

冥想的力量有多强大呢?《自控力》一书中这样描

述道：3小时的冥想练习，就能让注意力和自控力大幅提高；11小时的冥想练习，就能观察到大脑的变化。

同时，我们还需要为自己培养一个小习惯，并且长期坚持下去，比如，每天睡觉前做两分钟平板支撑、看半小时书等。

习惯力

在学习的过程中，我们需要将一系列的学习行为固定成一个或多个习惯，比如，每天早上和晚上，我会分别用60～90分钟的时间来学习，完成阅读、学习微课等学习类的任务。

要解释习惯的运作方式，我们可以从一个实验着手。

麻省理工学院大脑与认知科学系实验室做了一个实验，科学家在小白鼠的脑袋里装了一个探测器，用电信号的方式来记录小白鼠所有的脑部活动，这种电信号呈现出来就像我们做报表时用到的柱状图。科学家把小白

第七章
学习中的生物学原理

鼠放在迷宫的最深处，在迷宫某处放上一块蛋糕，然后打开阻挡小白鼠的木板，小白鼠闻到蛋糕的味道，顺着木板打开的通道调整方向，终于找到了蛋糕。在这期间，小白鼠的大脑一直处于活跃状态。经过几次同样的找蛋糕试验，小白鼠在穿过迷宫时，大脑活动逐渐减弱，它能够凭借记忆找到蛋糕的位置。随着找蛋糕试验次数的增加，小白鼠大脑脉冲活动不断减弱，但它却能够用比之前还快的速度找到蛋糕。这意味着最后小白鼠连记忆功能都不用工作就可以凭借习惯找到蛋糕。

在这个过程中，小白鼠证明了我们对一个行为的反应——思维、记忆和习惯。

在第一次接触到一项知识或技能时，我们需要运用人类特有的思维系统去理解它，在理解之后，再次碰到这一知识点，就无须再次经过思考，因为思考的结果已经作为事实存在于我们大脑的记忆系统中了，我们只需要把它提取出来即可使用。而在无数次地使用之后，这些知识会成为习惯的一部分，这时我们再运用它，就完全成了无意识的动作，它就成了经验的一部分。

如果你是一位新手司机，刚开车的时候，踩刹车还是油门，先踩刹车再挂挡，这些都需要思考。过一段时间后，你开车启动的速度会明显快了，这就是记忆开始发挥作用了。再过一段时间，你在开车时大部分时间几乎都是无意识的动作了。

我们的大脑真的非常神奇，如果一件事情是需要我们思考的，大脑就会启动思维模式，就像电脑在处理复杂任务时，会使用很多CPU资源来进行处理一样。如果这件事是我们做过的，那就可以在大脑中搜索。如果这件事我们做了无数次，那它就会成为习惯，被存储在基底核中，我们可以把基底核当成内存甚至CPU的缓存，它的存取速度更快，就像是无意识的反应。

这就是习惯的形成过程，会经历思考、记忆，最终通过无数次的重复形成习惯。

对这个案例进行分析，我们可以得到习惯产生的三个要素。

在小白鼠找蛋糕这个案例中，小白鼠听到咔嗒一声，知道隔板被打开了，这对它来说，就是一种暗示。小白鼠根据习惯，直接跨过隔板，然后左转，没有任何犹豫就走到了蛋糕跟前，这对它来说，是一个惯常行为。当它见到蛋糕时，电信号的柱状图显示它的大脑非常活跃，因为它得到了奖赏。

第七章
学习中的生物学原理

所以，把习惯的要素做一个分解，它是包含暗示、惯常行为和奖赏的一系列神经活动。

对于习惯的培养，另一个事实是，**习惯是不能被消除的，它只能被改变。**

要改变习惯，就要遵守改变习惯的黄金法则——你必须留住旧习惯脑回路中的暗示，提供旧习惯脑回路中的奖赏，但要插入一个新的惯常行为。

这就是改变习惯的黄金法则：如果你用同样的暗示，提供同样的奖赏，你就可以换掉惯常行为，改变自己的习惯。

第八章

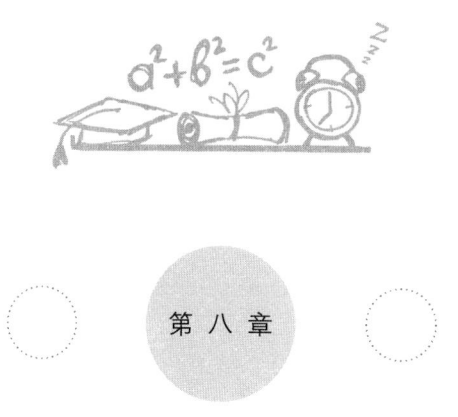

学习过程中的时间管理

在学习过程中，能够合理规划并利用自己时间的能力，就是时间管理能力。时间管理能力可以让我们合理安排自己的学习时间，统计在每一个领域的学习时长，评估自己的学习效率。

第八章
学习过程中的时间管理

我对时间管理的认识

时间管理应该建立在不拖延的前提下,如果有拖延症,再厉害的时间管理方法也毫无用武之地。

当然,大多数人都不能做到完全不拖延,但至少应该做到不严重拖延。基于这一点,我把时间管理分成两个层面来理解:一是时间,二是管理。

时间指的是要拥有自主把控时间的能力,通俗一点说就是不能有太严重的拖延症——拖延症每个人都会有,并且不能完全克服,适当的拖延其实是有利的,能保证我们按照任务进度一项项完成任务,即任务的纵向执行不会受到干扰。

管理指的是在把控时间的基础上,能够横向处理多项任务,能够对任务的轻重缓急一目了然,并以此安排自己的日程。

因此，学习时间管理的正确方式，是先搞定拖延症，再来谈具体的时间管理方法。搞定拖延症是前提，具体方法是技巧。只要搞定了拖延症，时间管理就成功了三分之二。因为，在搞定拖延症之后，即使是一点点很简单的时间管理技巧，都能够让你如虎添翼。

帮你搞定拖延症

有一个人，没房没车没钱还是个"单身狗"，除此之外，不务正业，整天都妄想着一夜暴富。他做过的最大付出就是花了不少时间研究彩票，把每一期的中奖号码都打出来，进行各种分析。我们都知道这事本来就很荒唐，但这个人却把所有希望寄托在他的彩票事业上，每天都求神拜佛，希望上天能够给他一次中彩票的机会。

可是，他为彩票付出了这么多的精力，最终却因为害怕不能中奖而从来没有买过一张彩票。

第八章
学习过程中的时间管理

你一定觉得非常可笑——这个人真的太蠢了！

就这个故事而言，这个人蠢得一目了然。现在，我们扪心自问：自己有没有做过这么蠢的事情呢？

想学习英语，书买回来了，计划订好了，但是学了两天，放弃了；想健身，去健身房报了名，买了一整套装备，甚至请了私教，上了两次课，不去了；感觉自己的时间观念太差，看了很多书，学了很多课程，最终懂了很多理论，却完全实践不下去。

问题出在哪儿？就像故事中的那个人根本就没能迈过自己心里那道坎儿一样，我们也没有迈过时间管理前那道最大的坎儿——拖延症。在没有搞定拖延症这个小怪兽之前，去学习和实践时间管理，那就像是你学了很多捕鱼技巧却没有买渔网一样。

虽然我现在时常给大家分享关于时间管理、学习方法和效率相关的内容，但你可能想不到，我以前完全是一个拖延症晚期患者。我刚刚上班的时候，上司安排任务，给我一周的时间做一个PPT，我总是等到最后一天的下午才开工。在这期间，我真的饱受煎熬，做任何事情都不能逃脱这个任务的魔爪，包括看电影这样的休闲时光，我都在担心这件事情能不能顺利完成。

大概在 2012 年的时候，我的拖延症开始慢慢好转，这其中大部分的功劳得归功于一本书，这本书就是《拖延心理学》。在我看来，它是拯救我人生的一本书。

现在我将通过《拖延心理学》及其他的一些理论，来告诉你如何对抗拖延症。

提到拖延症，很多人都逃离不了拖延怪圈，当老板给你安排一项任务时，你自信满满，心里想："这次我一定要早点开始！"然后，打开电脑，却不自觉地刷了一圈社交网站，半天过后，你看了一下时间，第一次感受到了焦虑，这时你告诉自己："我必须马上开始！"接着呢？你又随便搞一搞，一个小时又过去了，你开始有点自暴自弃了，想："我不开始又怎么样呢？"之后，你越来越焦虑，责备自己为什么没有早点开始，这时你的心理已经发生了变化，你愿意做任何事情，除了当前这件让你焦虑的事情，你可以做之前不愿意做的事情，比如收拾房间或办公桌，就是不愿意着手处理最紧急的事情。而且你也无法享受任何事情的乐趣，就像我在看电影时，都在焦虑那件事情能不能顺利完成。但在这个过程中，你还表现得若无其事，生怕周围人发现你的焦虑，甚至努力伪装得泰然自若，好像这件事情已经取得了重大进

第八章
学习过程中的时间管理

展,其实只有你自己知道,这件事八字还没有一撇呢!这时,你自暴自弃的心态很可能已经到了极限——我这人有毛病!我就这样!最后,随着截止日期越来越近,你不得不面临最后的抉择:做,还是不做。

如果你的意志力薄弱,那么很可能无法再坚持下去,于是,你放弃了,并且在心里认为,我这人真的已经无可救药了!大多数情况下,迫于上司的压力,你最终选择背水一战——做!终于在截止日期快要到来的时候,你开始行动了,在做的过程中你发现其实这件事完全没有想得那么困难,甚至自己还乐在其中。于是,你开始感叹:"事情还没有那么糟,为什么当初不早点开始呢?"最后,在截止日期的最后一秒,你把任务完成了,还颇有成就感。这时,你在心里立下一个誓言:"下一次,我一定会早点开始,我永远不会再拖延!"

直到下一个任务来临,你又一次陷入这样的拖延怪圈……

到底是什么导致了我们的拖延症呢?

很多人认为,拖延症是意志力、道德或智力上的问题。其实不是的,它有一点意志力上的问题,但更多是一种心理上的问题。

在拖延症患者中，有一个类别占了很大的比例，这就是完美主义所导致的拖延。

你可能会纳闷，我都拖延成这样了，怎么可能会是一个完美主义者！其实，很可能正是这难以察觉的完美主义，让你产生了严重的拖延行为。

完美主义有两种类型，一种是适应型，这类人认为自己的能力和要求相符；另一种则是适应不良型，这一类型人对自己要求很高，通常自己的能力又不能和要求对等，也就是我们常说的眼高手低。

在后面这类人的潜意识里，有这样一个等式——自我价值感＝能力＝表现。也就是说，我的能力决定了我这个人有没有用，而我的能力会从我所做的任何一件事上表现出来。在这一类人的眼中，表现通常指的就是智力上的表现，这种表现成为他们衡量自己成就的唯一标准，一个小小的失误都会让他们有大祸临头的感觉。所以，这一类人认为自己应该是非常出色的，在任何事情上，自己都应该有完美的表现，这就导致了严重的拖延症。比如，我在刚工作时，老板让我做一个PPT，我要等到最后一天的下午才开工。为什么？我们来看一下，在这个过程中，完美主义是如何让我拖延的：老板交给我做

第八章
学习过程中的时间管理

PPT的任务，在我眼里，我做出来的PPT应该是非常完美、无懈可击的。但是，我却担心实际完成的PPT并不能达到自己心中的标准，所以我选择拖延。这样，在老板说我做得不好的时候，他会说："我希望你下次能够早点开始执行！我希望你能够认真一点！"但是他绝对不会说："你做PPT的能力不行。"

这种心理背后的原因，是我宁愿别人说我时间观念不强，也不愿意被责备没有完成这件事的能力，我用拖延来避免自己的最佳表现被人评判。

从今天开始，就接受"完成好过完美"的"战拖"信条吧！

有一部分人的拖延来自另外一个原因——恐惧成功。在《拖延心理学》中，有这样一个例子：一位姑娘，家里很穷，父母拼了命凑足钱，让她读书，这位姑娘也非常争气，考上了一所很好的大学。但是，上了大学，她就像变了一个人，故意拖延各种学习任务。这是什么原因呢？

原因在于她恐惧成功。上了大学之后，她意识到努力学习可以让她过上更好的生活，她的生活方式、言谈举止都会变得更加优秀，但是，这些成功的改变将会让她和农村父母之间的差距越来越大。这位姑娘潜意识里认为，这样非常不孝，毕竟自己能上大学，都是来自父母的付出。这就是她恐惧成功的深层次原因，最终，她通过拖延症来逃离对成功的畏惧。

除了这种原因，在工作中，我们还会面临这样对成功的恐惧：你是一位销售人员，这个月的销售目标是10万元，你好不容易完成了，下个月老板就给你提升到了15万元。你事先知道如果完成了，这个目标会提升，你可能就会在潜意识里用各种拖延行为来阻碍目标的完成，阻碍自己成功。

对于这一类的拖延症，我们需要纠正自己的心理，或者与你所担心发生的事件当事人来一次促膝长谈。比如，例子中的姑娘可以跟自己的父母好好谈一谈，其实作为父母，他们很希望看到孩子的成就！

自我审视

那该如何对抗拖延症呢？

可以先列一个清单，在上面写下你认为改掉拖延症后可能会为你带来哪些不利的后果。比如，刚才我们例

第八章　学习过程中的时间管理

子中说的和父母逐渐疏远。这一步非常重要，因为，它们存在于我们的潜意识里，如果你不正视它，就永远没有办法走出来。

接下来找出导致拖延症的原因，也就是从第一步的清单中分析出原因。

然后继续列清单，列出你所能想到的被你拖延了的事情。列出来后回忆一下这些事情被拖延后都发生了什么？谁被牵扯进来？什么诱发了你的拖延？你的感受怎样？是否引起他人不便？

列出这些清单并不是为了让你自责，记住，我们绝对不能以责备的眼光看待自己，并且一定要尽量杜绝负面的说法。比如，你不能告诉自己绝对不能放弃，而是要暗示自己"我一定要坚持"！因为，放弃是负面的，坚持才是正面的。

最后进行评估，评估你所拖延的这些事情在哪些领域对你产生了较大的影响，是事业、家庭、学业还是财务？继续列出你在拖延时最常使用的借口，这些借口可能是你说出来的，也可能是你心里想的。

制定明确的目标和计划

目标和计划,你可以以天为单位,但要记住,目标千万不要太大,尤其是在"战拖"的初期。比如,你可以告诉自己今天一定要完成一件事情,但是,你不能告诉自己今天要做一堆事情。

然后把这个目标进行分解。"战拖"的秘诀在于,你所分解出来的第一项小任务,需要能够在五分钟以内完成。为什么?因为对于拖延症患者来说,并不是因为这件事有多难,而仅仅是缺少一个开始,只要开始了,你会发现自己根本就停不下来。把第一个小任务限定在五分钟以内,能够让你觉得这件事看上去很轻松,并且很可能会不自觉沉浸其中。

像这样的计划,你可以每天找出一件事情来练习,并持续至少一周。

如果我们用上一章中习惯的定义来重新理解拖延症,在每次拖延行为中,我们得到的暗示就是接到任务后,你潜意识里的心理行为,比如恐惧成功;惯常行为就是你的拖延行为;你潜意识里得到了满足,就是奖赏。这种奖赏非常不易察觉,因为通常你的拖延行为会让你

第八章 学习过程中的时间管理

很不爽。

如果我们从习惯的角度来解决拖延症，应该怎么做呢？当你再次受到自己心理暗示的时候，不妨以刚才我们说的信条来提醒自己，比如，完美主义的拖延，就告诉自己完成好过完美，然后马上行动。除此之外，上一章介绍的用于增强自控力的冥想练习也适用于对抗拖延症。

清　单

人人都知道清单，但却很少有人能够完整地领略到清单的魅力。

清单是帮助我们从烦琐的各种事情中解放出来的记录工具。 如果你依靠大脑来记忆待办事项，就很难专注于一项具体工作，因为其他未完成的事会时不时地在脑子里干扰你。所以，我们需要用清单来减轻大脑的负担。

大脑是用来想事情的，而不是用来记事情的。

按照清单的用途来进行划分，它可以分为三种类型：待办事项清单、检查清单和流程清单。

待办事项清单。使用清单作为待办事项的管理工具，也是我们在时间管理这一章中主要讨论的类型。

检查清单。这一类清单主要用于记录在一些特定的场景需要完成的事件或物品。比如，购物清单就是一项检查清单，当我想去超市购买一些纸巾、食品等物品时，就可以建立一个名为"超市购物"的清单。有想买但不是非常急需的物品时，就将其记录到这个清单中，当物品积累到一定数量，就可以很明确地到超市集中采购。

在重装系统之前，应该备份哪些数据，我都列成了一个清单。有了这份清单，在重装系统的时候，对照着一项一项检查是否完成了备份，就不会丢失任何重要的资料，如图8-1所示。

第 八 章
学习过程中的时间管理

Mac电脑重装备份清单

- [ ] Dropbox文件夹
- [ ] 照片库
- [ ] Ulysses数据文件
- [ ] Calibre书库
- [ ] Alfred设置（短语、Workflow）
- [ ] BetterTouchTool设置
- [ ] ShadowSocks服务器
- [ ] DayOne数据文件

图 8-1 电脑重装备份清单

此外，书籍待阅清单、长草已久的欲望清单都属于检查清单。

流程清单。流程清单的目的在于让需要重复处理的事情更加规范，它是在检查清单的基础上加上了一个顺序维度。流程清单不仅关注清单的内容，还关注清单中每一个条目的顺序。比如，我可以通过建立流程清单的方式将写作的过程记录下来：

1. 利用手绘思维导图画出文章的框架体系；

2. 根据框架内容，使用 Markdown 完成写作；

3. 文章配图；

4. 微信图文排版；

5. 推送到自己的手机预览；

6. 每日 20:00 准时推送图文。

你也可以根据这几个清单的类别和用途，让自己的工作和生活更加规范。

在第一次使用清单的时候，你需要完成一个操作，就是清空大脑。

清空大脑就是在你的清单中，把所有盘踞在你脑海中的事情全部写下来，写的时候，不要去想执行这件事情的细节，只需要把它们一件件记录下来。

清空大脑后，你可以根据这件事情的属性进行分类，建立不同的清单，比如，工作上的事情可以建立工作清单，学习中的事情可以建立学习清单。最后，依靠一个清单管理的 App 工具，你就能够随时随地查看接下来你需要干什么。

使用清单的关键在于，你应该把它培养成一个习惯，把它当作一个你可以完全信赖甚至依赖的伙伴，而不是

第八章　学习过程中的时间管理

心血来潮时就列一下。

如果现在没有清单工具，我甚至不知道自己接下来应该干什么，而我使用清单的方式也非常简单。

我的清单里会有一个收集箱，当我临时想到有一件事情需要处理时，我会把这件事记录在收集箱里。然后，每过一段时间，我会对收集箱里的任务进行整理，把具体的事件放到它所属的清单当中。一般2~3天我会整理一次收集箱。如果是有明确日期的事情，就把它指定到那个时间来执行，在执行之前，App通常会有提示。另外，对于这种有明确日期的事件，也可以使用另外一个工具，即日历来记录它们。

在使用清单的过程中，很多人会有把每件事都安排到具体日期的习惯。我不太推荐这样做，尤其是对初学者来说，你可能不具备预估自己时间耗费的能力，这就会导致你在某一天因安排事件过多而无法完成，这会让你有很大的挫败感。

所以正确的方式是，只把有明确日期的事件打上日期，比如，后天你有一个会议，那这个会议清单是可以标上日期的。你也可以把清单中的事情安排到第二天执行，但是每天只安排最重要的事情，通常3~5件足矣。

对其他的事情，有剩余时间的时候再去执行吧！

关于记录日程清单的顺序，这里有一个小窍门和大家分享，大家在安排日程的时候，可以把压力重重的事件和休闲类的事件颠倒过来，先安排娱乐类的事件，再找空闲时间来安排工作中的事件。

这样做的好处是，日程表可以记录有明确日期的事件，那么在接下来的一周，你可能会有很多事情：工作上，周一要开一个重要的产品会议，周二下午要出一个报表，周三上午要参加一个培训，晚上还有几场应酬。这些事情总是让我们感到压力重重。但看到日程里的另外一些事件可能就会轻松多了：周二和小伙伴们约酒，周四晚上参加好友的生日宴会。

工作中的事件让人感觉压力巨大，而朋友聚会却总是让我们感到轻松惬意。但问题是，如果工作上的事情没有完成，可能会面临严重的后果，而朋友聚会呢？虽然我想去，但不去也没有什么明显的损失。在这种情况下，你的日程表上，你会怎么来安排它们呢？你在安排日程的时候，是以哪个类别的事件为主的？当多个类别的事件有冲突时，你如何处理它们？比如，下周二晚上，你既要提交一份报表，又要参加朋友聚会，你会以哪件事为重点？

第八章 学习过程中的时间管理

大多数人在事先制定日程的时候，是以压力更大的工作为重，他们会先把工作中的事列到日历中，再把像朋友聚会这样的娱乐事件添加到剩余的空闲时间里。

这是多么正能量的一件事情呀。但是，结果可能就不太乐观了，即使是这样有明确日期的事情，用这样的安排方式，很可能也会有很多事件落空。而如果先安排娱乐类的事件，再看空闲时间来安排工作中的事件，你心理上所面临的压力大幅缩减，按日程办事的压力减小了，事情的成功率也会高很多。如果你在日程管理上屡战屡败，那么，不妨按这样的顺序做一个调整。

番茄工作法

清单的用途，在于管理多项任务。但无论使用了什么先进的任务管理方式，最终你都得落实到执行上，否则列清单就是白白浪费时间。我见过太多人，他们仅仅享受列清单的成就感，而完全忽略了执行。

把任务落实到执行上，我一直在使用番茄工作法。

番茄工作法是一种最为简单易用的工作方法，由意大利人弗朗西斯科·西里洛发明。他曾与大多数人一样，是一个拖延症晚期患者。后来，他下定决心改变这种状况，于是他做了个简单的实验：他找来一个厨房用的番茄计时器，用计时器设置10分钟的自我专注时间。当然，第一次他失败了，但他没有放弃，几次下来，他终于完成了10分钟的专注。后来，借助第一次成功专注所带来的自信，他逐步调整优化，最终形成了番茄工作法。

这种简单易用的番茄工作法应该如何实践呢？在实践之前，需要准备三件工具，分别是待办事项清单（如图8-2所示）、一份番茄时间记录表（如图8-3所示），以及一个计时器。

番茄工作法活动清单 By PomoNote

	任务	日期
✔	统计打卡活动人数	
✔	查看线下活动浏览及报名数据	
✔	撰写番茄工作法入门文章	
✔	撰写壹职场分享文稿	
☐	处理公众号回复	
☐	统计打卡活动数据	
☐		
☐		

图8-2　番茄工作法待办事项清单

第八章
学习过程中的时间管理

番茄工作法每日记录表			
日期：		今日番茄数：	
事件	番茄记录	预计番茄数	实际番茄数
计划外任务			
事件	番茄记录	预计番茄数	实际番茄数
今日小结			

图 8-3 番茄时间记录表

待办事项清单，也就是把待办事项的过程罗列出来。番茄时间记录表，就是自己做一个表格，在上面记录事件、时间等文字。计时器可以使用一个物理计时器，也可以使用手机 App，或直接使用手机自带的计时器。

有了这些工具，我们就开始实践吧！

实践的第一步，需要你在每天开始之前——可以在头一天晚上或新的一天正式开始工作之前，回顾你的待办事项清单，看一下哪些事情是需要今天处理完成的，把它们依次抄写在番茄时间记录表中的"事件"一栏里。

抄写完毕后，你可以从番茄记录表中选出一件事情来执行。

在执行前，先将你的计时器设置为 25 分钟，然后开始专注工作。

25 分钟就是一个番茄时间，在这 25 分钟里，你不能被打断，如果你突然想打个电话、点个外卖等，都应该记录在番茄时间记录表底部"计划外事项"清单中，记录完毕，马上继续专于工作。

当 25 分钟结束，闹钟响起，一个番茄时间结束，立即停下工作，在番茄记录表的该事项后面做一个完成标记，并开始 5 分钟的休息。在休息期间，不要想与刚才工作相关的任何内容，这样有利于保持大脑的清醒，你可以处理刚才记录下来的"计划外事项"。如果计划外事项里有一些需要较长时间才能完成的任务，那就把它放

第八章
学习过程中的时间管理

到你的清单系统当中。

注意：当你在番茄时间中遇到非打断不可的情况，比如老板有急事找你，你只得放下你的番茄时间，这个番茄时间立即作废，哪怕你已经专注了 20 分钟，只剩下 5 分钟。

5 分钟的休息时间结束，便开始你的下一个番茄时间。

当执行完 4 个番茄时间时，可以来一轮大的休息，长度为 30 分钟。

在这个过程中，你可能会有两个疑问：如果一件事花费的番茄时间不到一个怎么办？如果一件事一个番茄执行不完怎么办？

很简单，执行一项任务所需要花费的番茄时间并不是固定的，如果一个番茄时间做不完，那就休息后接着用下一个番茄时间来完成。如果一件事情花不了一个番茄时间，你可以把这件事与其他小任务合并起来，利用一个番茄时间来完成。如果用 20 分钟就完成了工作，你可以利用剩下的 5 分钟来对刚才完成的工作进行总结，或者准备接下来的任务中所需要的东西。

使用番茄工作法完成一天的工作和学习之后，你会得到一张这样的表格，如图 8-4 所示。

Pomonote 每日番茄记录表

日期：2016-10-14　　　　目标番茄数：12　　　　实际番茄数：12

情境	事件	番茄记录	预计番茄数	实际番茄数
写作	《番茄工作法》电子书3.1部分写作，3000字	√√	2	2
写作	回复知乎的两个问题，约2000字	√x√	2	2
工作	规划科技馆新媒体运营方案框架	√	1	1
工作	搜集国内科技馆新媒体运营数据	x√	1	1
工作	完成科技馆新媒体运营方案PPT	√x√√	2、3	3
阅读	阅读《人生定位》至第三章	√√x√	3	3

计划外任务

给爸爸发视频	整理最近的照片
查找剪贴板工具	整理公众号菜单规划

今日小结

任务分类：写作4、工作5、阅读3

每次制作PPT的时候都要找很多素材，应该降低这部分工作的成本，可尝试以下方法：1.整理出常用的素材收集网站；2.使用一款素材管理软件，把收集的素材管理起来，这款软件应该能够对每个素材打标签。

图 8-4　每日番茄记录表

第八章
学习过程中的时间管理

番茄工作法的强大之处在于,它能够让我们看到执行具体任务时的时间界限。比如你要写一个文案,因为你不确定这项工作什么时候能够做完,所以你可能会无休止地拖延下去,但如果你只需先做 25 分钟,把无限的任务变成了一个个有限的时间点,这样就让人比较容易接受。

在对抗拖延症的过程中,你不应该把注意力放在任务本身上,而应该更多关注完成这个任务的过程。比如,写一篇文章对你来说可能很难执行,但如果你告诉自己只写作 25 分钟,是不是就轻松多了?如果一个 25 分钟完不成,你需要的也只是一个"再次写作 25 分钟"的任务而已。

如果刚开始使用番茄工作法,你可以把它理解为这是你自己的神圣时间段,把最重要的事情放到番茄时间里处理,这些事情是需要高度专注的。除此之外,你还可以把番茄工作法与培养小习惯结合起来,比如和我一样,每天固定阅读 2 ~ 4 个番茄时间。

对于初学者,每天执行番茄时间的次数可以不多,但一定要保证在每个番茄工作时间里都是高度专注的。

在执行完一天的工作后,我们需要用每天固定的

一个番茄时间来对今天的任务进行总结分析，整理出多少个番茄时间用来工作、多少个番茄时间用来学习和阅读等。

比如，今天阅读这本书的两个章节，你一共花了6个番茄时间，那么在后续的学习过程中，你的学习效率能不能有所提升？如果在学习之前，你先花一个番茄时间进行检视阅读，会不会缩短后面精读的时间？这样的每日分析结果都将成为你完成学习任务的重要原始数据，长期下来，会增强你的时间把控能力。

总结分析是番茄工作法里很重要的一步，但每次总结所花的时间都不能超过一个番茄时间，否则，再好的工作方法都将成为负担。

我将番茄工作法分为三个阶段：**第一阶段可以用将时间分段的理念来执行任务；第二阶段可以对所完成的任务进行统计分析；第三阶段也是番茄工作法的最高阶段用法，是基于执行产生的数据，进行长期的统计分析，最终能够让你在执行一项任务之前，预估完成它所需要的番茄时间。**

执行番茄工作法一个月左右后，你会非常惊奇地发现自己看到一项任务，马上就能知道完成它需要多少个

第八章
学习过程中的时间管理

番茄时间，这和之前拍脑袋的预估是完全不同的，它可以精确到多少个 25 分钟！因为，这时的预估都是有数据作为支撑的。

可能有人会问："如果我工作起来就不想停下来，是否可以持续地工作下去呢？"

我的建议是，学习任何一个工具或方法论的步骤，是先按照老师的方法原封不动地执行，但在执行过程中一定要保持疑问，并且把它们记录下来，然后在执行的过程中不断地思考和总结，最终形成自己的方法论。

他人的方法大多来自他人的经验，或是针对大多数人的经验，它并不具备完全的个体针对性，你得从中摸索出自己的方法，也就是对原有的方法进行有针对性的改进。

那么，对于番茄时间到了，能否继续工作这一问题的答案就很明显了。我建议在刚开始时，按照原有的理念来执行，有一定经验后，你可以不用再拘泥于此。但即使不间断地工作，也是有限度的，你可以根据自己的专注程度来控制。

我经常玩乐高拼插玩具，因为我认为这很大程度上能提升我的专注力。前一个小时我会在玩的过程中思考：这些齿轮是如何动作的？通过什么部件联系起来的？一个小时之后，我明显感觉到自己已经失去了思考的能力，只会跟着说明书机械地组装，这说明我的专注力已经消耗殆尽了。在我们传统认知里，专注力是精神上的，它没有限度，而在真实的生物学原理中，专注力和肌肉力量一样，会随着使用而快速消耗。因此，在工作中，如果你感到自己的思维能力消失了，那一定要停下来，及时把大脑从专注模式切换到发散模式中来。

四象限法则

史蒂芬·柯维的《高效能人士的七个习惯》中提到一个四象限法则，如图 8-5 所示。

四象限法则按照重要和紧急两个维度，把事件分成了重要且紧急、重要不紧急、紧急不重要及不重要也不紧急四个象限。任何一件事，都处于其中的某个象限内。

第八章
学习过程中的时间管理

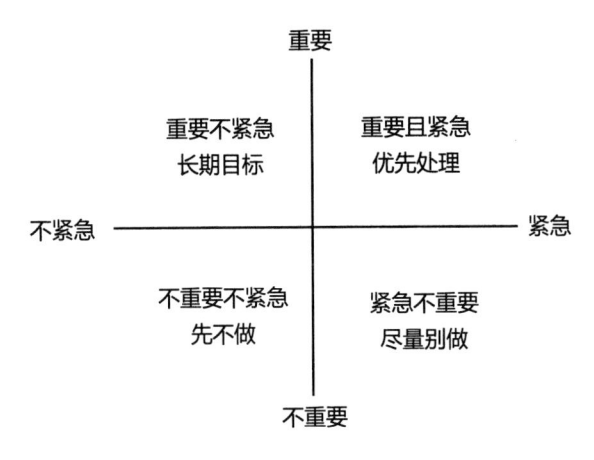

```
              重要
               │
  重要不紧急    │    重要且紧急
  长期目标     │    优先处理
               │
不紧急 ────────┼──────── 紧急
               │
  不重要不紧急  │    紧急不重要
  先不做       │    尽量别做
               │
              不重要
```

图 8-5　四象限法则

那么，如何处理不同象限里的事件呢？

重要且紧急的，必须优先处理。 这里要注意一个问题，如果你过分注重第一类事务，那么它们的范围就会变得越来越大——随着时间的推移，如果不尽快执行，原本不紧急的事也会变得紧急，最终会占据你全部的时间和精力。很多人把90％的时间花在第一类事务上，而余下的10％时间的大部分则用在第四类事务上，用在第二、三类事务上的时间则少而又少，几乎可以忽略不计。还有一些人，每天都在应付各种各样的问题，疲于奔命，因此只能借助第四类既不重要也不紧急的事务来逃避现实，稍微放松一下。

在进行时间管理的时候，应该怎么实践四象限法则呢？很多人把它作为一项独立的时间管理系统，每天按照这样的象限来罗列任务，然后执行。就我个人而言，这并不是非常高效的时间管理方法。如果一个人能够做到大部分时间都在处理第二类事务，那么他一定是顶级的效率高手。**要尽量避免陷入第三类和第四类事务中，要花费更多的时间在第二类事务上，这样才能减少第一类事务的数量。重要但不紧急的事情才是最主要的生活目标。**

使用一段时间后，我发现四象限法则应该是一种无处不在的无形工具。也就是说，我们应该做到，看到一项任务，就能够快速分辨出它属于哪个象限的任务，而不需要把它再写下来。

对于任何方法和工具，如果不假思索地实践，那它就是死的；如果在其中加入自己的方法和认知，它就能帮你不断提升自己的认知高度。

第 八 章
学习过程中的时间管理

时间管理工具

在学习时间管理的过程中，除了刚才我们说的第一个大坑——拖延症以外，还有一个大坑，那就是工具。

入门者通常都会纠结或沉迷于选择工具，他们挖空心思想找到一款所谓的最好用的时间管理工具。其实，在来回寻找的过程中，很多时间就被浪费了。我提醒大家的是：**工具只是实现理念的介质，熟练运用理念才是核心。**

下面我分享几个时间管理的记录工具。

滴答清单

我一般随身带着番茄时间记录表，但不会带一份纸质的清单，因为我的清单任务通常非常多。我使用滴答清单作为自己的任务清单管理工具。

在滴答清单里，你可以通过建立多个清单来管理自己不同类别的任务，然后把它们指定到特定的日期来执行，在对任务进行审视的时候，你可以看到自己今天、明天甚至未来七天需要处理的任务，非常方便。

番茄记录表

你可以按照自己的需求设计一份表格，以事件、番茄记录、番茄数量、自己需要的优先级、任务类别等为字段，就可以轻松做出一份属于自己的表格。在执行的时候，完成一个番茄时间，打个钩，完成一项任务，把它划掉，如图 8-6 所示。

纸和笔

使用纸和笔作为记录工具还有一个非常大的好处，就是在执行的过程中，如果频繁使用手机和电脑作为主要工具，容易让人分心，甚至会引发拖延症。比如，在写文章的过程中，一位好友给你发来消息，你本想只回一句，结果一不小心就聊了两个小时。

计时器

这里给大家推荐两款计时器，分别是 Forest（如图 8-7 所示）和潮汐（如图 8-8 所示）。

第 八 章
学习过程中的时间管理

Pomonote 每日番茄记录表

日期：2016-10-14		目标番茄数：12	实际番茄数：12
情境	事件	番茄记录	预计番茄数	实际番茄数
写作	~~《番茄工作法》电子书3.1部分写作，3000字~~	√√	2	2
写作	回复知乎的两个问题，约2000字	√x√	2	2
工作	规划科技馆新媒体运营方案框架	√	1	1
工作	搜集国内科技馆新媒体运营数据	x√	1	1
工作	完成科技馆新媒体运营方案PPT	√x√√√	2、3	3
阅读	阅读《人生定位》至第三章	√√x√	3	3

计划外任务	
给爸爸发视频	整理最近的照片
查找剪贴板工具	整理公众号菜单规划

今日小结

任务分类：写作4、工作5、阅读3

每次制作PPT的时候都要找很多素材，应该降低这部分工作的成本，可尝试以下方法：1.整理出常用的素材收集网站；2.使用一款素材管理软件，把收集的素材管理起来，这款软件应该能够对每个素材打标签。

图 8-6　番茄工作法记录表

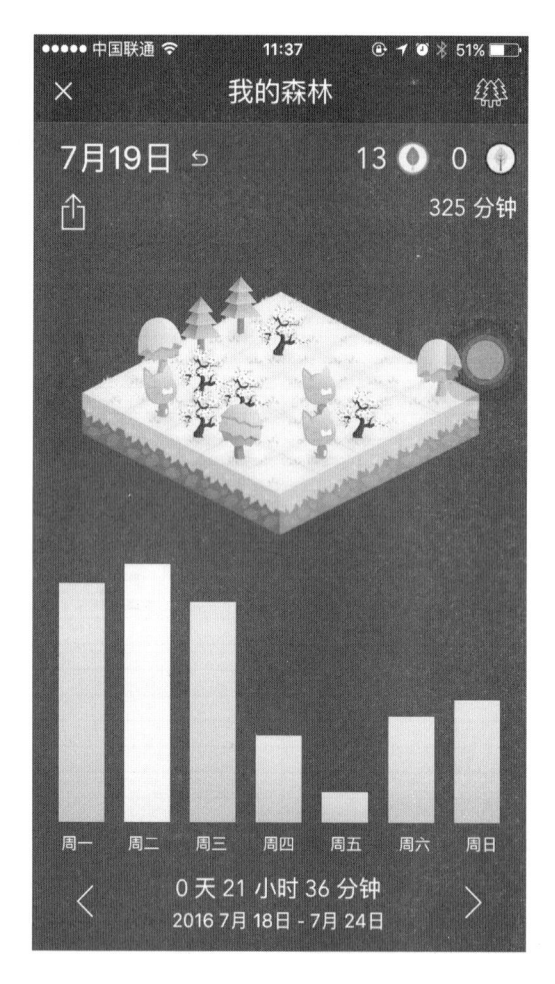

图 8-7 Forest 计时器图示

第八章
学习过程中的时间管理

图 8-8 潮汐计时器图示

Forest 是我最常用的计时器工具，Forest 翻译成中文是森林的意思。使用 Forest 计时的过程就是一棵树的生长过程，如果在这个番茄时间里你没有被打断，这棵树就会从树苗长成大树；如果在这个番茄时间里你被打断了，比如看了一下微信，那么这棵树就会死掉。一天下来，你能够看到自己种下的这片森林，森林里有参天大树，也有夭折的树。因此，它是一款要么让你有成就感，要么让你有罪恶感的计时 App。

潮汐是一款结合白噪声的计时器。所谓白噪声，就是大自然里的一些声音，比如鸟叫声、雨声、水流声等，这些声音有一个共同点，就是它们能够发出一定的声响，却不会引起人的反感，反而会让人更加专注。在使用潮汐的过程中，你能够在一片白噪声中完成你的番茄时间。

Forest 和潮汐这两款计时器都有苹果和安卓版本。

结合计时工具和时间管理方法，我执行番茄工作法的流程一般是这样的：

1. 当要做一件事情时，我会先将其记录在滴答清单中，并进行任务分类；

2. 每天结束时，我会看一下滴答清单，并选择

第八章 学习过程中的时间管理

任务安排到第二天执行;

3.新的一天开始时,我会从滴答清单中挑选任务,依次执行;

4.执行任务时,我会使用Forest进行番茄计时;

5.每天结束时,我会用一个番茄时间对当天完成的工作进行总结和分析。

第九章

学习的工具

在学习中，我们可以通过使用工具来提升学习效率。在本章，我就为大家详细地介绍几类工具，即文件管理工具、知识管理工具、时间管理工具、写作工具和思维工具，并且附上我对这些工具的使用方法及心得。

第九章
学习的工具

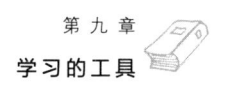

文件管理需要注意的事项

无论是在工作、学习是还个人生活中,我们都会使用各种类型的电子文件,这就导致我们的文件数量非常大。然而,大部分人对自己的文件的管理都没有逻辑可言。

要有效管理文件,我们最好尽量使用资料库的方式。所谓资料库,其实就是专注于某一类型的资料保存软件,比如,印象笔记适合保存文档、Pixave 软件适合保存图片素材、Bear 适合保存原创的写作内容等。使用资料库的最大好处在于,它可以让存储器里同类型的资料不再杂乱不堪,而是井然有序的。另外,保存在这些软件中的所有资料都有独立的数据库,需要的时候直接搜索,很快就能找到。

当然,可能很多人并不想下载那么多软件,更不想花钱购买资料库软件,那么,如果必须以文件方式保存资料，我们应该注意哪些事项呢？

先建立一个可靠的文件结构

如果是 Windows 电脑，我建议你尽量少分区，因为分区太多导致很多问题，比如查找文件时要多一个步骤。如果你要把文件从一个分区移动到另外一个分区，会耗费很多时间，而如果从同一个分区的文件夹移动到另外一个文件夹，基本上可以瞬间完成。所以，我用 Windows 电脑时，我的电脑上就三个分区，一个是系统盘，一个是软件盘，除此之外的所有资料，都存放在 E 盘，也就是我的资料盘。

资料盘保存所有有价值的资料，并且做好文件夹结构的划分。比如，对于所有重要的资料，我都将其保存在一个名为 Dropbox 的文件夹里，Dropbox 这个同步工具自带的文件夹类似于百度网盘，所有这个文件夹里的资料都会被自动同步到 Dropbox 的服务器上。如果我有多台电脑，当一台电脑上的资料有更新，另一台电脑上的资料也会同步更新，这样就能保持多台设备之间数据的一致性。

第九章
学习的工具

在 Dropbox 文件夹里,我有这么一些文件夹:

Sandox 文件夹存放我个人相关的资料,比如证件、简历、日程记录等。

PomoNote 是我的工作文件夹。在这个工作文件夹里,我按照文件类型建立了不同的文件夹,这些文件夹,前面都有一个序号。标序号的目的是当我需要打开其中一个文件夹时,在键盘上按一下对应的数字,就能够瞬间定位。

Resource 文件夹最重要,这里面是我在工作中整理出来的所有模板,比如 Excel 模板、PPT 模板。当我意识到一件事情是需要我重复执行的,那我会在第一时间把它制作成一个模板,以后直接套用。我强烈建议大家都建立这个文件夹。

我的 E 盘基本就是有这么几个文件夹。重要的数据和资料我都通过 Dropbox 和印象笔记同步了。除此之外,我的桌面、文档这些常用的文件夹,我也通过修改系统设置把它们迁移到了 E 盘。因为这些文件夹默认在系统盘里,一旦系统出现问题需要重装,这些文件都会消失,所以迁移这些数据是非常必要的。

避免混乱的几个地方

第一个地方就是桌面，我曾见过一位同事，在他 24 寸的显示器桌面上摆满了各种文件，要在这样的环境下找到需要的文件，效率可想而知。我几乎不会在桌面上放置任何文件，我的电脑桌面上就三个文件，一个是写课程时的截图，一个是正在剪辑的课程视频，还有就是回收站了。这些文件都是我当前正在执行项目的缓存文件，项目一完成，我就会清理。当然，你不需要像我一样强迫自己完全不使用桌面，但一定要尽量保证桌面干净整洁。

第二个地方是下载文件夹，一定要经常对下载文件夹进行清理，清理时包含两个步骤：第一步是删除不需要的文件；第二步是把需要的文件改成有意义的文件名，然后把它归类到相关的文件夹，不要让它一直在下载文件夹里。

第三个地方是"我的文档"这个文件夹，很多软件的默认保存路径都在这儿，所以，不妨定期清理一下。

第九章
学习的工具

文件管理工具有哪些

我为大家推荐一些相关的文件管理工具。

桌面整理工具：Fences

Fences 可以让你对桌面上的文件进行分区，比如一个区域放常用的快捷方式，一个区域放常用的文件，一个区域放当前项目需要处理的文件等，如图 9-1 所示。

图 9-1 用 Fences 进行文件分区图示

这个软件不是免费的，但腾讯有一款桌面整理软件跟这个功能类似，大家可以到腾讯官网直接下载。

同步工具：网盘

在互联网时代，忘掉 U 盘这类传统工具的存在吧！你需要的是网盘一样的工具，网盘可以让你的文件在多台设备之间保持同步。更重要的是，使用网盘之后，你可以在任何时间任何地方访问你的文件。比如，周末时老板让你把上周的策划方案发给他，如果没有网盘，你可能会很抱歉地告诉他："我的文件在公司的电脑上。"但有了网盘同步工具，你就可以在家下好这份文件，然后发给老板。

这类工具还有一个很容易被大家忽略的功能，就是大多数同步工具会保存文件的历史版本。比如，你好不容易写好的几千字的文档，因为电脑死机或手抖了一下被误删除了。怎么办？这时网盘就派上用场了，它们可以保存很多个你曾经保存的版本，直接恢复出来就行！

对于这样的工具，我只推荐两个：如果你会科学上网，那么使用 Dropbox 就是最好的选择，如果不会科学

第 九 章
学习的工具

上网，那么坚果云就是国内最好的同类工具了。印象笔记的高级账户也有这个功能，但是需要付费。

快速搜索工具：Everything

Everything 是一个基于文件名的文件快速搜索工具，只有大约1M的大小，但是非常实用，因为它的搜索速度实在太快了！如图9-2所示。

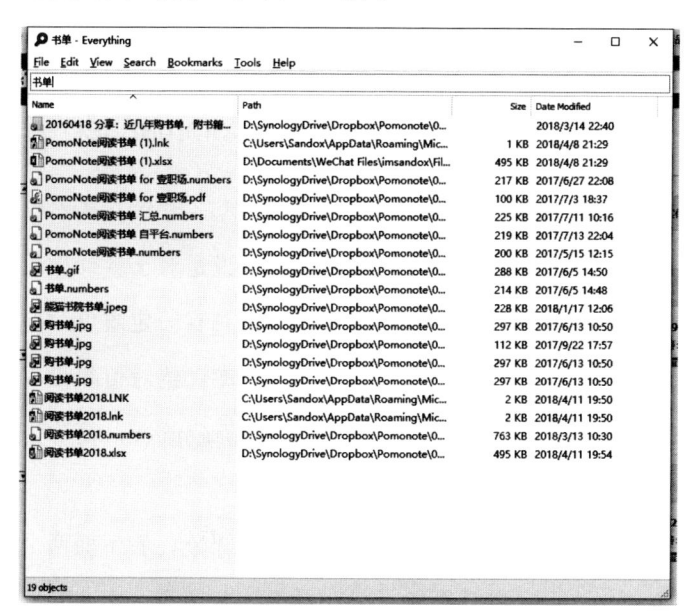

图9-2 Everything 文件搜索工具图示

图 9-2 是我搜索自己电脑中与"书单"相关的文件，"书单"两个字一打出来，搜索结果也就出来了，然后通过方向键或鼠标，可以直接打开你需要的文件。

Everything 对我操作习惯上的最大改变，就是我再也不需要打开一个文件夹去查找文件了，我可以直接打开 Everything 搜索，然后在搜索结果里打开，这要比前者快几倍。但使用 Everything 的提前是，你最好有一套规范的文件命名方式。

文件管理效率工具：Total Commander

最后再给大家推荐一个终极工具，这个工具不仅是文件管理领域的巅峰之作，也可以说是对于软件操作效率的终极挑战。要熟练使用这个工具有一定难度，但是如果你希望提升自己的文件管理效率，绝对值得投入时间去研究。这个软件名叫 Total Commander，简称为 TC，如图 9-3 所示。

在文件管理领域，TC 可以说无所不能，看下面两个场景，请大家自己思考一下，对于这些场景，你会怎么操作。

第 九 章

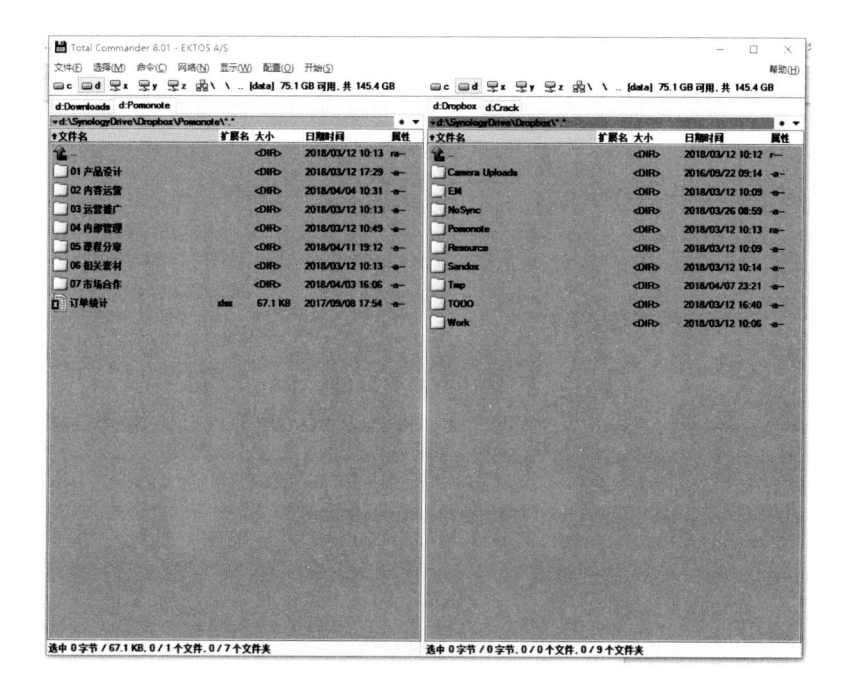

学习的工具

图 9-3 TC 文件管理工具图示

第一个场景，在一大堆文件中，你需要把不同类型的文件分别保存到不同的文件夹中。怎么办？

第二个场景，你拍了很多照片，大概有几百张，并且存放在不同层级的文件夹里，它们默认的文件名是 IMG_000.jpg。现在，你要把这些照片文件重命名，文件格式是照片拍摄日期加上拍摄时间，比如 20180410_101348.jpg。你会怎么做？

我可以告诉你，在 TC 当中，这些操作，也就是两三个步骤就能够解决的事儿。但 TC 具有一定的学习门槛，有需求的读者可以学习使用。

知识管理工具有哪些

我们在第五章里已经介绍了以印象笔记为中心的知识管理系统，其实，像印象笔记这样的工具，我们还可以找到很多，比如同样优秀的为知笔记、有道云笔记等。

有道云笔记我自己没有用过，但我曾是为知笔记的忠实粉丝，相比印象笔记，为知笔记的最大特点就是它可以像 Windows 中的文件管理一样，建立不限层级的文件夹，而且它的高级账户也相对比较便宜，一年只需 60 元钱。

我的知识管理体系一共有两个工具，一是像印象笔记这样集中保存资料的工具，一是快速收集想法的工具。

第九章
学习的工具

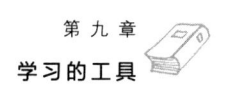

想要快速收集想法，我通常使用手机和电脑上自带的记事本，因为相对印象笔记，它们打开的速度更快。打开它们，快速输入自己的想法，后期再进行加工。

对于这类工具，我的要求就是快速，印象笔记毕竟是一个比较庞大的工具，不利于记录随时产生的想法。但如果基于快速收集的想法后期产出的相关内容，就必须把它保存到印象笔记中去了。

手机自带的便笺工具，也是快速收集想法的一个好选择。

更详尽的知识管理工具，可以参见第五章。

时间管理工具有哪些

在时间管理中，我们需要清单、日历、计时器等工具。

清单工作可以使用滴答清单或奇妙清单，我个人一直在使用滴答清单。

日历工具使用手机自带的足矣，如果有科学上网的基础，那么谷歌日历也是非常好的选择。

计时器工具可以使用 Forest 和潮汐。

如果你刚开始接触时间管理，最好先统计一下自己的时间耗费，明白自己的时间都花在了什么地方。而对于统计时间，我推荐两个工具——RescueTime（如图 9-4 所示）和 aTimeLogger（如图 9-5 所示）。

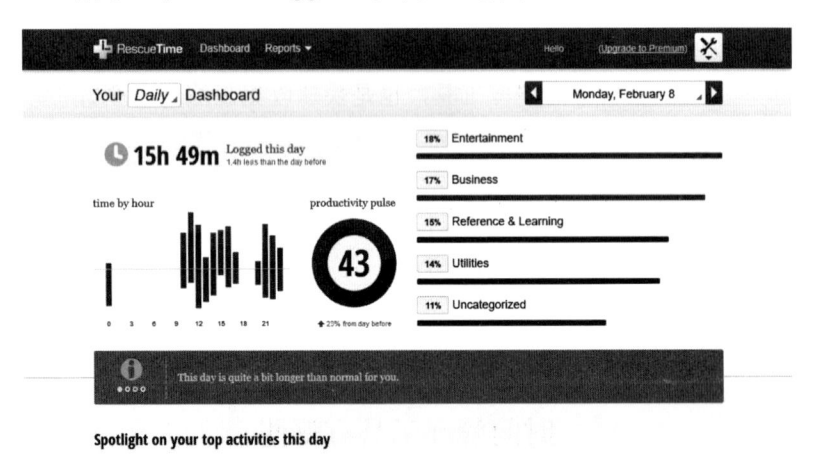

图 9-4　RescueTime 统计时间工具图示

第九章 学习的工具

图9-5 aTimeLogger 统计时间工具图示

RescueTime 是电脑上的工具，Mac 和 Windows 都可以使用，安装好后，它会统计你每天使用某个软件的时间。比如，你用一个小时写 Word 方案，用一个小时玩游戏，等等，它都会统计下来。如果你使用浏览器，它会把你打开知乎、使用搜索引擎等归类为查找资料时间，把你打开石墨文档、幕布这类工具归类为提升效率时间。RescueTime 会统计你每天的效率得分。这样你就能知道自己每天面对电脑都干了些什么。

aTimeLogger 是一款在手机上使用的软件，在使用 aTimeLogger 时，你需要做一个点击动作，代表开始执行。比如，你开始看书了，先点一下这个软件，看完书了，再点一下这个软件。这样一天下来，你也能够知道自己的时间都花在哪儿了，并以此分析一下哪些项目是可以精简或省略的。

写作工具有哪些

Bear 和 Typora

在 Mac 系统下，我通常使用 Bear 来写作。一打开 Bear，然后全屏化，在我面前的，就完全是一个纯色的写作界面，不会受到任何干扰。

在 Windows 中，可以用 Typora 来实现这样的写作过程，在网页中你也可以使用石墨文档来写作。

用 Typora 写作的图示，如图 9-6 所示。

第九章

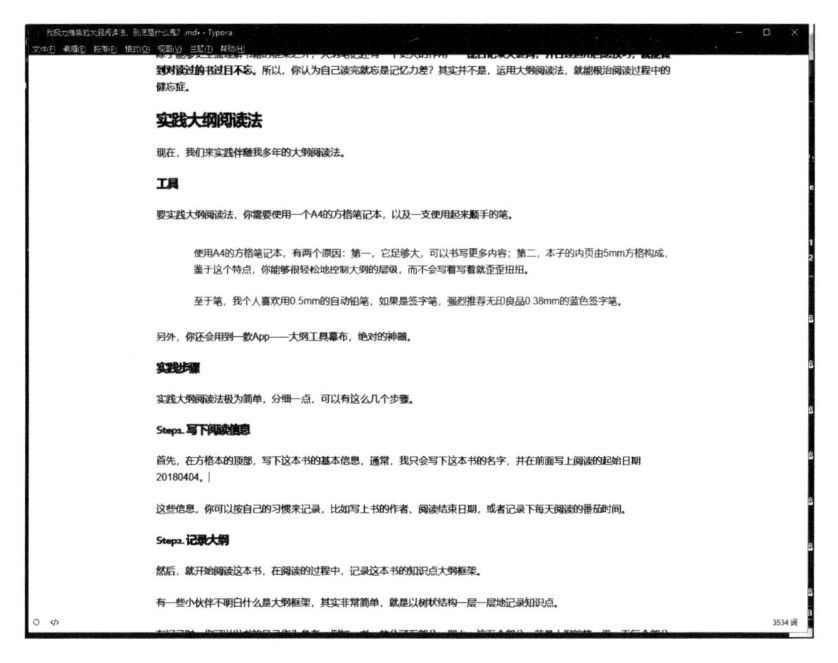

学习的工具

图 9-6 Typora 写作图示

这些工具有一个共同的特点，就是都支持 Markdown 语法，能够最大程度提高写作的效率。

Markdown 语法

Markdown 是一种专门用于写作的简单语法。大家可不要一听到语法，就联想到 C 语言之类的，千万别把

Markdown 和编程中的语法联系起来，它们完全不是一种东西。

现在，我们来认识一下 Markdown。Markdown 的目标是实现易读易写，在用 Markdown 语法写作时，你可以完全忽略掉排版，因为在你码字的过程中，排版工作就已经悄然完成了。

我们先来回想一下，写一篇稍微复杂一点的文章的流程。

首先，打开 Word，输入文章的标题，这个标题应该是一级标题，再码上一段文字。然后，写上一个二级标题、三级标题，当然，这些标题都需要你在字体或标题样式中进行设置。再继续写……觉得某句话很重要，于是在字体设置中为这句话加上格式。

这样的写作流程效率低下是显而易见的。因为每一个字体或标题的设置，都需要你用鼠标去点，一次几秒钟，一篇文章写下来，可能因为设置格式浪费了很多时间。最重要的是，你的写作过程因此被无数次地中断。写作是一个不能中断的过程，一旦被中断，可能灵感就消失了。

Markdown 解决的就是写作中断的问题，它可以让你在写作过程中实现自动排版。就像我发表到微信公众号

第 九 章
学习的工具

的文章，都没有经过刻意排版，都是 Markdown 语法帮我做到了版式整齐。

那么，这种方便高效的语法应该如何使用呢？

Markdown 语法可以用任何纯文本工具来撰写，包括印象笔记、Windows 自带的记事本，但这些工具都不能生成好看的样式，因为它们不具备展现 Markdown 格式的功能。所以，推荐大家使用专门的工具，在 Mac 电脑上，你可以使用 Bear 或 Ulysses，在 Windows 电脑上，你可以使用 Typora，石墨文档也支持简单的 Markdown 语法。

接下来，我来介绍最基础的 Markdown 语法，如图 9-7 所示。

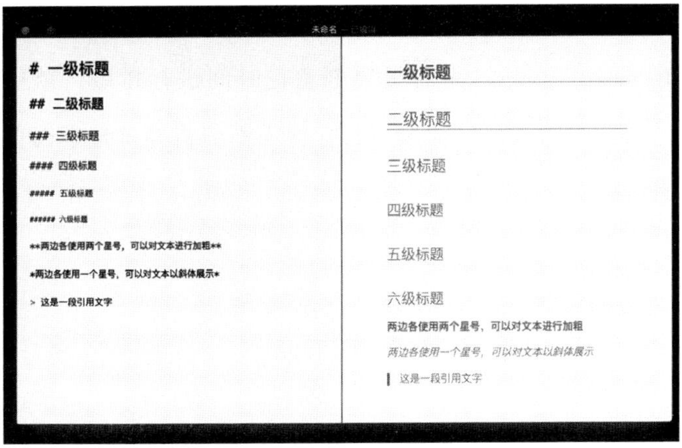

图 9-7　Markdown 语法图示

Markdown 支持六级标题，在写标题时，可以直接在标题前面加上#，一个#是一级标题，两个#是二级标题，依此类推，六个#就是六级标题。但别忘了，#和标题之间，最好有一个空格。

要加粗一段文字，可以在这段文字左右两边各加上两个*，这段话就意味着被加粗了。好奇的你一定会想，为什么是两个*，加一个*又会得到什么格式呢？一段文字左右各加一个*，最后这段文字就会显示为斜体。

如果想在文章中插入一句名人名言或经典语录，并让这句话以引用的形式展现。这时，只需在这段文字前加上一个大于号就搞定了。

Markdown 语法还有很多其他的功能，也非常简单。有了 Markdown，我们无须刻意花时间进行排版，就能让自己写的东西颜值爆表！任何人都值得好好地学习使用它。

第九章
学习的工具

思维工具有哪些

关于思维工具，我将自己正在使用的几个思维工具推荐给大家，主要有方格本、幕布和 XMind。

为什么方格本也会在其中，而且居于被推荐的第一位？因为纸质工具才是最好的思维工具，它能给你一个完全无干扰的思维环境。因此，当你需要认真思考一个重要项目的时候，不妨就使用方格本，然后配合我们分享过的笔记术来开始思维之旅吧！

幕布是我使用的唯一电子大纲工具，在前文有详细介绍。

XMind 是我使用了很久的一个思维导图工具，不过，因为幕布能够直接把大纲转化成思维导图，所以我现在也很少使用这个工具了。思维导图非常简单，配合类似于 XMind 这样的工具，就能一层一层梳理自己的思维。

网页工具有哪些

网页工具比较独特，只要打开官网，放到收藏夹里，就能够在任何地方使用它们，因为它们都是网页工具，所以只要有网络，就能够使用它们。本节我为大家介绍几款网页工具。

在线流程图绘制工具：ProcessOn

提到画流程图，很多人第一时间会想到Office旗下的Visio，它非常庞大，多用于绘制工程项目类的图表，比如软件工程、网络工程等。如果我们只是绘制一个简单的流程图，那么像Visio这样的工具完全是大材小用了。

这时，我们需要的是一款非常简单的流程图绘制工具。在线流程图绘制工具ProcessOn便是这样的工具。图9-8是我使用ProcessOn花费3分钟时间画的，它也就是我们之前所说的电子笔记流程图。

第九章 学习的工具

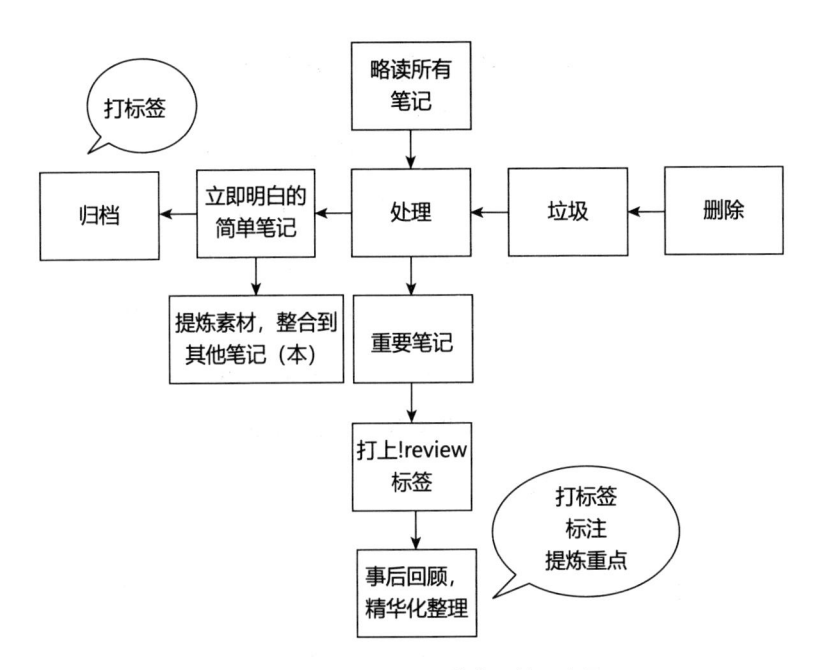

图9-8 用ProcessOn画的电子笔记流程图

ProcessOn内置了大量模板，使用时，你只需要把它们拖出来，然后用箭头符号连接各种模板，ProcessOn会自动关联不同组件之间的顶点，非常方便。在绘制简单流程图时，ProcessOn的功能和Visio是完全一样的。除此之外，和大多数网页工具一样，你可以将使用ProcessOn绘制的图表分享给他人，并进行协作。

在线 PDF 处理工具：iLovePDF

在工作和学习中，我们经常需要阅读和处理一些 PDF 文档，比如要把一份 Word 文档转化成 PDF，或者把 PDF 转换成 Word，或者压缩 PDF 文档、加水印等。最强大的 PDF 处理工具，无非是 Adobe 的 Acrobat，但是，Acrobat 非常庞大，还需要支付不菲的费用。其实，对于一般的工作和学习需求来说，一款简单的在线工具就足以满足我们的要求。

这个在线 PDF 处理工具叫作 iLovePDF，名字很俗气，但功能却很强大。使用 iLovePDF，只需要选择相应的功能，然后上传你要处理的 PDF 文件，就能直接下载处理完成的文件。当然，如果你要保存处理的结果，可以注册一个账号。

在线绘制思维导图工具：百度脑图

百度脑图是一款在线绘制思维导图工具。无论是 XMind 还是 MindManager，它们的付费版本都价格不菲，而且体积还非常庞大。如果你只是简单运用，不妨尝试

第 九 章
学习的工具

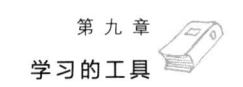

百度脑图这款在线工具。

百度脑图的使用方式和思维导图软件几乎一样,没有任何的学习成本。除了制作思维导图之外,你还能够把用 XMind 制作的思维导图导入百度脑图中,然后对它进行修改。

树立使用工具的正确理念

在前面我们分享了一些实用的工具,这些工具都是我自己使用很久且觉得非常棒的工具。在这些工具的背后,我有着自己的使用方式和理念。因为做任何事情,正确的理念都是非常重要的。

使用工具的第一个理念:从需求出发

工具能帮助我们提高生产力,但是,很多人却把使用工具当成一种兴趣,无限制地去使用各种各样的软件,这就本末倒置了。因为工具是帮助我们提升效率的,如果当成了一种兴趣,它就会影响我们的本职工作。

几年前的我就是这样,每天都下载很多软件,对当时的大部分需求,我都能找到一个很简单的工具去实现。代价就是,我花费了大量本该用于学习的时间去探索这些工具。现在想起来,这性价比真的太低了。

从需求出发就是,当你有一个需求的时候,再去找相应的工具。但这其中有一个难点:如果按照你惯有的操作方式,是很难发现这其中的隐藏需求的。比如,你使用了传统的复制粘贴方式很久了,很可能根本就不知道这样的操作还可以通过像Ditto这样的工具来大大简化。

那么,怎么发现这样的潜在需求呢?一个最简单的方法就是,不时关注一下你正在做的事情,并思考一下能不能简化。记住,一切烦琐的操作,都是可以通过工具来简化的。比如,大家知道我不喜欢在电脑桌面上放图标,这样一来,我就不能把快捷方式也放在桌面上了,那我怎么启动常用的软件呢?我想了一个方法,通过Win+R打开运行,然后输入一个关键词,就可以打开常用的软件。比如输入wechat,就会打开微信,输入

typora，就会打开 Typora 写作工具。像印象笔记、滴答清单这样的工具，我都可以通过自定义的快捷键来打开它们。

用桌面快捷方式的方法来启动软件，其实挺麻烦的，你得把所有窗口最小化，然后再去点击。这里告诉大家一个 Windows 里显示桌面的快捷键：Win+D。

使用工具的第二个理念：尽可能简单

我使用过 Mac 和 Windows 两个操作系统，在我看来，它们在工具的使用理念上是截然不同的，Windows 中的工具大都功能很多，但使用的体验并不太好。而 Mac 系统下的软件，大都功能单一，写作就只管写作，笔记就只管笔记，但能把一个功能做到最好。因此，现在我更倾向于 Mac 系统下的工具使用理念。

Mac 系统不会像 Windows 系统那样容易中病毒。使用 Mac 系统工作的时候，打开勿扰模式，就不会受到任何系统带来的干扰。

使用工具的最重要理念：力所能及地付费

在很久之前，我使用的所有软件都是盗版软件，但是受到"善用佳软"前辈的影响，我开始慢慢购买正版软件，并在当时花了不少精力去做正版理念的普及工作。

为什么要使用正版，我博客上的一段话送给大家：

张小龙卖了 Foxmail，他们骂他为钱背叛用户。世界之窗卖给 360，他们骂他投靠流氓。可是，他们又为心爱的软件做了什么呢？如果中国的用户可以给自己喜爱的软件付 10 元，那么它们都可以发展得很好。

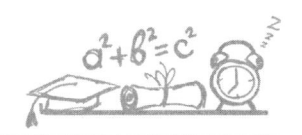

后 记
Postscript

有一天,我和团队里负责手绘的芝士姑娘聊到工作和赚钱的话题,我说:"祝你早日成为一个富婆。"

芝士说:"等那一天,你一定是土豪了吧。"

我说:"你要记住,如果没有养成良好的消费和储蓄习惯,收入再多,也没有什么用。"这是我的肺腑之言。

我 2009 年上班,月薪 1600 元。到现在,月薪翻了接近 20 倍,可存款的比例几乎没有什么改变。去年年中,我遇到了我团队中的另一位姑娘——理财顾问米拉,这样的情况才好转了很多。我开始学习储蓄、基金和股票,偶尔和米拉及身边的股民朋友聊聊天,还能发表一下自己的见解。而且,对于一些基金和股票,我开始有了自己的判断及选择标准。对我来说,这是一项新的技能,而且让我受益匪浅。

我对芝士说:"技能从来都不会单一存在,一项技能的提升,是需要其他技能作为支撑的,否则就会遇到瓶颈,甚至是陷阱。这是学习过程中的法则之一。赚钱的能力增加了,却没有对应的理财技能相伴,你收获到的,或许只是铺张浪费的恶习。生活富裕了,没有相应的知识来充实自己,也不过是一名穷得只有钱而没有内涵的'包工头'。"

芝士擅长手绘,但是,手绘的技法再好,没有绘画的基础技能辅佐,同样会止步不前。电视剧《天龙八部》里,乔峰和慕容复的老爹躲在少林寺修炼数十年,练了不少上层武功,但却险些丧命,幸运的是,他们遇到了神一般存在的扫地僧出手相救。扫地僧说:"武功,需要相应的佛法来化解。"同样,在学习的过程中,任何技能都不应该是单一的,学习一项技能,需要有其他诸多技能来支撑。

最后,希望我的这本关于学习技巧的书能够帮到你,祝君学习愉快!

致 谢
Acknowledgement

感谢我的家人，在我完成本书的过程中，给了我极大的支持。

感谢我微信公众号的读者和微课的听众，你们给了我大量的反馈意见。

感谢我的编辑，指导我从无到有地完成这本书。

感谢正在阅读此书的你，没有比你们的支持更暖心的事了。